日中政治外交関係史の研究

―第一次世界大戦期を中心に―

楊　海程　著

芙蓉書房出版

まえがき

第一次世界大戦が勃発して百年たった。この戦争は二〇世紀の形を作ることになったと言われているだけに、第一次世界大戦をトピックにした研究は世界中の歴史研究者によって様々な視点で進められてきており、多くの史実が解き明かされている。

本書は、第一次世界大戦期における日中政治外交関係史について、実証研究を行い歴史解釈するものである。具体的に本書では、第一次世界大戦期の前半（「大隈・寺内内閣」と「袁・段政権」）において、日中間で生じた諸政治外交問題（「日本の対華二一か条要求交渉」、「中国の帝制問題と日本の倒袁政策」、「中国の参戦問題と日本の援段政策」）をめぐって、両国政府がどのように対応したのかを、日中両国の史料をつき合わせながら検討し直している。特に両国政府が相手国政府の反応をどのように認識し対処していったかを詳細に見ることによって、ある外交判断に籠められていた両国の政治外交当事者の思惑や、外交処理の過程で生じた様々な認識の違いが、日中関係に及ぼした影響を明らかにしている。そして分裂状態に陥る傾向の強かった中国内政に外交問題がどのように影響し、あるいは袁世凱や段祺瑞が外交問題をどのように利用しようとしたのかを析出している。その上で、北京政府の外交及び内政政策に対する歴史評価を加えている。さらに、孫文ら革命派は当時において正統政府である北京政府による利権の回復や近代国家の建設ないし統一政権の維持の動きを妨げていた史実を明らかにしている。

第一次世界大戦期の日中政治外交において、日本政府は日本の主導下に日中両国間の外交交渉の枠内で問題解決しようとして動いていたが、北京政府はこれを日本の覇権主義的行動と見做し、列強を引き込み牽制しようとしていた。北京政府は日中外交問題を内政強化のために利用し、日本政府は内政問題を外交に転嫁しようとするパターンと特徴があった。そして前者によって中国国民にナショナリズムを芽生えさせ、反日・排日という民衆の動きにつながっていく。しかしそのナショナリズムも政治に動員される面が強かった。歴史の結果からみれば、このように形成された中国人のナショナリズムそのものは、一九二〇年代から一九三〇年代へ浸透していき、その後の日中関係に多大な影響を及ぼすことになったと考えられる。これを検証するために、著者は本論の時期とずいぶん離れた一九三〇年代の日中政治外交の研究を一時的に取り込み、その一部の業績を本書の付論とした。こちらを今後の課題としていきたい。

日中政治外交関係史の研究
——第一次世界大戦期を中心に——

目次

凡　例

一、本文について

・引用中（　）は著者が挿入したものである。

・初出の人名はフルネームとし、その当時の官職名を付した。漢字圏以外の人名にはアルファベット表記を付した。

・史料の引用にあたっては適宜読点を付し、旧漢字を常用漢字に改めた。「支那」「満州」のような表現は史料のままにした。

二、註について

・頻繁に使用した史料に関しては、（外務省編『日本外交文書』大正五年第二巻）を、（『外文』一五―二）のように略した。

・日記・年譜の引用に際しては、該当頁と日付の両方を記載した。

・「外務省記録」「外交部档案」の引用に際しては、日付、出所・宛て、件名の順に、必要な史料情報を記載した。

三、参考文献について

日本語文献と中国語文献に分け、「未刊史料」、「刊行史料」、「伝記・回想録」、「研究書・個別研究論文」に分類した。

序　章

第一節　課題の設定

本研究で、扱う時期は「大隈・寺内内閣と袁・段政権」（一九一四〜一九一八）期である。この時期は、第一次世界大戦期に重なっていた。この間の日中政治外交に関して言えば、「条約交渉」、「内政干渉」、「内乱介入」、「経済提携」といったように、近代以後の日中政治外交に特徴のある歴史事象がすべて起きていた。

本研究は、これら第一次世界大戦期（「大隈・寺内内閣と袁・段政権」）における日中政治外交関係史について、実証研究を行い、歴史解釈をするものである。

外交に絡む両国の国内政治の動き、とりわけ中国内政動向に注目して、この時期の日中政治外交を細かに再構成することを試み、両国側の史料より立論の根拠を求め、客観的にこの時期の日中政治外交関係史を考察することが、本研究の第一の課題である。この時期の日中政治外交は日本から見た場合、対中政策そのものが対英米政策ないし世界政策の一部であり、中国から見た場合もその対列強政策の意識の中で対日外交を処理していたと考えられる。このように行なわれた日中政治外交はどのような特徴をもち、どんな日中外交関係のパターンが形成されていったのかを、この時期の日中政治外交関係史を究明する過程の中で、浮き彫りにして行こう。

この時期の北京政府には、第一に国家の統一を保ち、国内情勢を安定させること、第二に中央政府として地方政府に対する実効支配能力を向上させること、という内政課題があった。袁・段政権は、外交課題を、どのようにして内政課題の解決に活かそうとしていたのか、その結果内政政策にどのような作用があったのか、日中関係にどんな影響がもたらされたのかを検討することが、本研究の第二の課題である。

第一次世界大戦期においては、北京政府こそが国際的に承認を受けた正統政府であり、中国国内における唯一の中央政府であった。同時代における革命の正統史観というのは後になって意図的に創出されたものであろう。そこで、作られた「物語」は虚像ではないかという仮説のもとに、この時期の日中政治外交関係史についての実証研究を通して、北京政府に対して歴史的評価を加えることが、本研究の第三の課題である。

第二節　研究史の整理

まず、中国側における民国前期の政治外交史の研究動向を見る。

同時代（一九二〇～一九三〇年代）の研究においては、政治史のアプローチで諸政治勢力の対立の視点から北京政府の政権交代を焦点に分析をしたもの（李剣農『最近三十年中国政治史』）＊1、明治以後より日中戦争勃発直前までの日中外交関係を史料中心に跡づけたもの（王芸生『六十年来中国與日本』）＊2が挙げられる。たとえば王芸生（一九〇一～一九八〇）は、二一か条要求交渉について、当時の状況下に置かれた北京政府はできるだけのことを尽くしたと評した。これらの研究は今日においてもなお参考にする価値がある。

しかし、その後、北伐に成功した国民党政権（一九二八～一九四九）は国民党の正統観念を強調するために「軍閥の時の外交はすべて失敗であり売国的である」＊3と宣伝しはじめ、「北京政府の政治外交＝売国の政治外交」、「袁世凱

・段祺瑞＝悪玉」というレッテルが付与され、次第に定着していった（陳伯達『介紹窃国大盗袁世凱』）＊4。以後共産党政権による中華人民共和国の成立から一九八〇年代までの長い時期において、中国大陸共産党政権と台湾国民党政権による政治的な評価の影響を受けて、いわば革命史観や国民党史観による北京政府への歴史的批判が続いた。例えば、李毓澍『中日二十一条交渉』は、当時の革命党の言説を立論の根拠に、袁世凱が帝制承認の交換条件として日本の対華二一か条要求を受諾したと述べられている＊5。章伯峰「皖系軍閥與日本帝国主義的関係」＊6は、北京政府が親日的な皖系軍閥によって操縦されていたと捉え、寺内内閣は段祺瑞政権から多くの在華権益を略奪していたことに焦点を当て、段政権は日本に中国の主権と利益を売っていたと批判した。裴長洪「西原借款與中国軍閥的派系闘争」＊7は、段祺瑞政権と寺内内閣の間は政治・経済・軍事の諸方面にわたって各種の取引を行っていたと説き、たとえば対独参戦問題は政治的取引であり、日中軍事協定は軍事的取引であると位置づけた上で、北京政府は「売国の政権」であると批判した。来新夏『北洋軍閥史稿』＊8は、袁世凱は日本から帝制の承認を得るために、二一か条要求を受諾したと叙述し、袁世凱は私益をはかり日本に対し売国主義的な態度をとり、国家と民族の利権を売っていたと批判した。焦静宜『北洋政府総統與総理』＊9は、袁世凱政権・段祺瑞政権を「日本帝国主義の在華代理人」と位置づけた。

一九八〇年代以後は、中国大陸の共産党政権は改革開放政策を掲げ、台湾の国民党は独裁政権に終止符を打ったというように政治環境が変化したことや、多くの史料が公開されるようになったことによって、民国前期の政治外交史研究にも進展が見られ、多くの研究論文が出された。しかし、これらの研究は、実証の面においては少し改善されたものの、長い時期にわたって蓄積されてきた北京政府＝売国政権的な見方が受け継がれ、「北洋軍閥」を批判する論調で書かれたものが依然として圧倒的であった。たとえば、莫建来の研究＊10は、段祺瑞の「武力統一」を中心に、段が日本からの経済援助を得るために、日本との間で、国が恥辱を受ける条約・協定を結んだと指摘した。馬烈「段祺瑞怎様従抗日派転変為親日派」＊11は、段政権が二一か条要求の一〇倍以上の利権を日本に売り渡したことを恥ずべきだと批評した。婁向哲「北洋軍閥與日本関係述論」＊12は、日本側の外務省記録や中国第二歴史档案館所蔵档案などを利用して論証を展開しているが、「日本は中国を併合する狙いで二一か条要求交渉を提出した。袁世凱は二一か条要求の受諾を引き換えに日本からの帝制への支持を得ようとした。西原借款の政治的目的は在華権益（具体的には鉄道の敷設権、鉱山・森林の開拓権、全国の無線電事業の開発権）の獲得であり、これらの政治目的を達成するために、段政権を参戦に誘い出した。いっぽうの段政権は皖系の軍事力の拡充を狙い、日本の参戦勧告を受け入れた。段政権は日本と日中軍事協定を結んだが、それは二一か条要求の第五号をそのまま受け入れたことを意味し、日本に対して国家の主権を売る卑劣な行為をした」と指摘した。

なお、黄尊厳「日俄日徳戦争中日本侵華策略試析」＊13は、日本は日露戦争と対独開戦の期間、ロシアやドイツから多くの在華利益を獲得したことについて分析を行った。また、楊徳才「段祺瑞與中国参戦新探」＊14では、中国の第一次世界大戦の参戦問題をめぐって国内各派の参戦に対する態度についての検討がなされた。紀能文「従共和総統到洪憲皇帝—袁世凱洪憲復辟的歴史透視」＊15は、帝制運動の要因には清朝末と民国初頭という社会転形期における社会秩序の混乱状況があったためとしたが、同時に袁世凱は帝制運動に対するその歴史責任を負わなければならないと結論付けた。

そして、近年ようやく北京政府を評価しようとするもの（王建朗「北京政府参戦問題再考察」）＊16が、出現するようになった。しかし、この時期の日中政治外交関係史の研究＊17に関していえば、中国史の視座で中国側の史料を用いて日本の政策や意図を論証していることや、日本の存在を単純化していることなど、多くの問題点が残っている。たとえば、陳剣敏の研究は、中国側の史料＊18を根拠に、西原亀三や林権助の行動を追ったものであり、呉彤の研究は、中国史の視座より参戦問題をめぐる日本の態度の変化を四段階に分けて、分析がなされたものである。また、通史としては、張玉法編『中華民国史稿』、張憲文編『中華民国史・第一巻（一九一二〜一九二七）』、李新編『中華民国史・第二巻（一九一二〜一九一六）』が代表的である＊19。なお、「外交部档案」を基礎に「北洋修約外交」の歩みを整理し、多元的視角で民国外交史を解釈すべきであると提言した唐啓華の『被廃除不平等条約遮蔽的北洋修約史』＊20は、最新の研究成果として特筆に値する。

日本側における研究動向については、中華民国（前期）史研究、日本政治外交史（大正期）研究、近代中国政治思想史研究の三つの分野に分けて整理する。

日本の中華民国（前期）史研究については、総じて研究業績が少ないのが現状である。とりわけ一九八〇年代までは、波多野善大によって出された『近代軍閥の研究』＊21があったくらいであった。研究が八〇年代までこれだけ進まなかった理由は、中国側の史料が未公開の時代であったことや、日本にも革命中心史観が広がっていたこと＊22が挙げられる。その後、溝口雄三『方法としての中国』＊23は、これまでの近代中国は基本的に毛革命からふりかえって照射され、そこに史的唯物論的・進化史観的な歴史価値観念が混入し、理論や評価が先行し、その結果として主観的な映像がつくりだされてきたと批判した。山田辰雄からは「今こそ民国史観を」＊24と呼びかけがなされた。野澤豊『日本の中華民国史研究』＊25によっても、「民国史研究の重要性」が唱えられた。

こうして、袁世凱が国家分裂への危機意識を抱いていたことに焦点を当て、袁を客観的に評価した研究（横山宏章『孫文と袁世凱』）＊26、「専制と民主の相剋」という視角から袁世凱の専制政治の諸相を考察した研究（横山宏章『中華民国史―専制と民主の相剋』）＊27、グッドナウや楊度の帝制論を取り上げ、強国化への希求という観点から、袁世凱の帝制の正当性を再検討した研究（山田辰雄「袁世凱帝制論再考」）＊28が出された。そして近年、広東政府と北京政府の相互関係、地方外交行政の概要、外交をめぐる中央と地方の関係をテーマに扱い、外交の自立性を強調し北京政府の国権回復を目指した外交を考察した研究（川島真『中国近代外交の形成』）＊29、中央と地方の財政関係について分析がなされた研究（金子肇『近代中国の中央と地方』）＊30などが出現した。

金子肇「袁世凱政権における国家統一の模索と諮詢機関の役割」＊31は、成立当初の中華民国には、統治権を一元化するための要件として、①中央国家権力（立法権と執行権の総体）に統治権力としての安定した組織的統一性を付与し、②中央政府と各省政府とが有機的に連携しうる地方制度を整備すること、という二つの課題が不可分な形で突きつけられており、それに袁世凱政権がどこまで対応できたかという問題を提起し、袁が臨時約法体制と新約法体制の二つの体制を通じて、積極的に諮詢機関を駆使した政治を展開した過程（一九一二年七月〜一九一四年五月）を追った。そして、中華民国が直面していた二つの政治課題のうち、中央国家権力の組織的統一性の確立という点については、立法・行政・司法の三権を一手に集中する「大総統親裁」という形で解決されたが、中央と地方とが有機的に連携する地方制度の確立、すなわち、中央政治の地方への制度的浸透と、それによる各省政府の文字通りの「地方行政機関」化というもう一つの課題の解決は、極めて不十分なまま終わらざるをえなかった、と結論付けた。この結論は、本研究の第一章の「二一か条要求交渉外交と北京政府の内政政策」の分析に引き継がれている。

しかし、日本の中華民国（前期）史研究は、孫文とその共和思想にスポットがあてられ、たとえば、狭間直樹「東アジアにおける共和思想の形成」＊32は、孫文を中心に東アジアにおける共和思想の形成を追っている。いっぽう袁・段政権となるとどうしても記述が薄くなりがちであり、この時期の北京政府の政治外交について、研究はほとんど進んでいないのが、現状である。

日本における日本政治外交史（大正期）研究については、研究が多数蓄積されている。以下、二一か条要求交渉、帝制運動周辺、寺内内閣の援段政策及びその他というようにカテゴリー区分して、日本の政治外交史研究の動向を見て行こう。

二一か条要求交渉に関しては、古典的研究として、堀川武夫『極東国際政治史序説—二十一箇条の研究』＊33、長岡新次郎「対華二一か条要求条項の決定とその背景」＊34がある。堀川の研究は二一か条要求（作成→提出→最後通牒）における日本側の状況を包括的に検討したものであり、長岡の研究は、二一か条要求が作成されるに至った経緯とその背景を追ったものである。また、加藤高明外相の対応に言及したものは島田洋一「対華二一か条要求—加藤高明の外交指導」＊35がある。第五号の秘匿をめぐる中国側の対応とイギリスの反応との相互関係を整理したものは奈良岡聰智「加藤高明と二一か条要求—第五号をめぐって」＊36が挙げられる。

当時、中国に重大な利害関係を持つ列強のうちアメリカ一国のみが、ヨーロッパ大戦の戦火の渦の外にとどまって、日中交渉に介入しうる立場にあったため、二一か条要求をめぐるアメリカの対応が重要な鍵となった。これに関して、細谷千博「二一か条要求とアメリカの対応」＊37は、二一か条要求に対応していたアメリカ政府の政策について分析を行い、アメリカ政府の態度が、日中両国の政策決定過程に及ぼした作用、さらにそれに影響された両国政府の態度が逆にアメリカ政府の政策決定過程に反作用していくというような相互作用の構造を解明した。北岡伸一「二一か条再考—日米外交の相互作用」＊38は、細谷の研究をふまえて、アメリカが二一か条要求交渉に対して示した予想外の対応、そしてそれをめぐる日米間における誤解の連鎖、これが加藤をして当初のシナリオの変更を余儀なくさせただけではなく、二一か条を紛糾させるに至った大きな理由であると提示し、二一か条要求における日本の対アメリカ外交関係処理の失敗は、第一次世界大戦期における日本外交の転換の不可避を予告していたことに結び付けた。この二つの論文は、二一か条要求におけるアメリカの政策動向を確認する点においては参考となろう。

しかし、上記の研究はいずれも、日本の二一か要求交渉に持ちかけられた中国側の動向に配慮していない点が問題である。

帝制運動に関しては、古典的研究として曾村保信「袁世凱帝制問題と日本の外交」＊39がある。この論文は、外務省外交記録を参考にして、日本が「袁世凱を没落させていった経緯」を整理したものである。臼井勝美の研究＊40は、より細かに外交記録を掘り出し「日本が袁世凱を嫌ったので、彼を没落にまで追い詰めた」というように結論付けた点において、半世紀も前に出された曾村の論調とは変わりがなかったように思われる。これら外交記録を中心にした論文と比較して、外務省秘密会議（外務省・陸軍・海軍の幹部関係者をあつめて論議、対中政策立案に関与）の動向を中心に、第二次大隈内閣後期の対中外交政策（反袁強硬政策）の展開を追った研究（波多野勝「中国第三革命と日本」）＊41がある。この研究は、外務省秘密会議の状況、特に軍令部の動きについて実証している点が参考となろう。また、北岡伸一「大戦期における大陸政策と陸軍」＊42は、一九一五年八月の大隈内閣改造による加藤の外相辞任は、内閣の対外政策についての指導力を弱体化させ、閣外から影響を受けやすくなったことを指摘し、閣外影響力の一つである参謀本部と倒袁政策形成の関係を捉え、その動きを分析した。斎藤聖二「国防方針第一次改訂の背景―第二次大隈内閣下における陸海軍関係」＊43は、日本の倒袁政策決定に至った背景には国防方針の改訂問題が存在したことを指摘した。

以上の研究によって、中国の帝制運動をめぐる日本側（外務省・参謀本部・軍令部）の動きが明らかにされたが、その論証において日本を主体に中国を客体としてのみ扱っているという問題点がある。なお、日中関係史の視座で「日本は中国問題をめぐる発言力の強化という目的を達成するうえで何が最適であるかを意識しながら、中国情勢の展開に伴って政策を決定した」ことや、「中華民国の対日外交に二重構造が存在した」ことを提示した研究（樋口秀実「袁世凱帝政運動をめぐる日中関係」）＊44がある。この研究は日本の倒袁政策が中国の国内政治にどのような影響を与えたのかという点においては、ヒントを与えてくれたが、革命史観によって編纂された資料集を断片的に扱って中国側の状況分析がなされているため、史料の突き合わせが十分ではないという欠点が残されている。

寺内内閣の援段政策について、北岡伸一「大戦期における大陸政策と陸軍」＊45は、それを前半（一九一六年一〇月〜一九一七年二月）と後半（一九一七年二月〜一九一八年九月）に分けて、論述した。そして、前半における寺内内閣が推進した対中政策は、中国中央政府の強化及び同政府への日本の発信力強化ないし他国のそれの弱体化を目標とし、それは列国協調の枠を前提として行われたが、後半（一九一七年三月～一九一八年九月）になると、列国協調の最大支柱であったロシアを喪失し、また「西力東漸」が急激に進展したとみた寺内内閣は、「援助＝提携」政策の強引な推進をもってこれに対応しようとし、軍事「提携」が決定されるに至ったという流れを描いた。この論文は、日本陸軍の大陸政策に焦点を当てて論証を展開したものであり、中国側の動きに対する配慮はまったくなかった。また、参戦問題についての叙述はかなり薄かった。斎藤聖二「寺内内閣における援段政策確立の経緯」＊46は、寺内内閣の援段政策が成立してから最終的に確立するまでの経緯を明らかにした。この論文の中で、中国の関税引上げ問題をめぐって日本政府と実業界との間では、対立が生じていたことを明らかにした点が参考となろう。寺内正毅内閣で大きな影響力を持った西原亀三の対中国政策構想及びその展開と挫折を検討したものに森川正則の論文＊47がある。森川は、西原の対中国政策構想とは「産業開発国家」形成による緊密な「日中提携」関係を築き地域的経済関係を強化した上で、列国との経済競争に臨もうとするものであったことを提示した。また寺内内閣の対中政策の初期段階で行われた第一次交通銀行借款交渉と対独断交交渉における西原亀三の軌跡については、斎藤聖二「寺内内閣と西原亀三―対中国政策の初期段階」＊48が明らかにしている。

さらに、大隈・寺内内閣期の内政動向については、山本四郎「第二次大隈内閣の成立」＊49が第二次大隈内閣の成立期の政治状況を明らかにした。小林道彦「世界大戦と大陸政策の変容」＊50は、二一か条要求と軍備問題、国防方針の第一次改訂問題に焦点を当て、第一次世界大戦期における日本の戦争目的を当該期の軍のあり方と関連して検討している。坂野潤治「二一か条前後の外交と政治」＊51は、第一次世界大戦中の陸軍中央の中国政策について分析し、陸軍首脳部でも山県と明石・田中との間に対中国政策の相違が存在していたことや、無拘束的な中国膨張論が陸軍内部、特に現地武官の間で抱かれていたことを指摘している。寺内内閣の成立期の政治状況について分析した論文としては、高橋秀直「寺内内閣の成立期の政治状況」＊52がある。寺内内閣の成立期の政治状況は、政治勢力の多元化の収束、二極構造への復帰、主要問題における実質的政策対抗の消失、民衆勢力の沈静化という特質を持っていたこと、そして政府と多数党である憲政会との間は提携を拒み、政局自体は安定を欠いていたことが指摘された。

なお、この時期の日本の政治と外交について、包括的に且つ詳細に論述したもの（千葉功『旧外交の形成』）＊53がある。この研究は、これまでの日本における研究蓄積をふまえた上で、日本側の史料（外務省記録・日記・書簡など）を駆使し、多角的同盟・協商網の形成と崩壊を軸に、この時期の日本の政治外交を考察したものである。しかし、日中政治外交関係に関連する部分の叙述は日本から見た対中政策という枠内に留まっており、中国側の状況についての配慮がなされていない点が残念に思われる。また、最近の研究としては、大正初期の日本のジャーナリズムや学者の言論を中国問題との関連で包括的に捉えるもの（曾田三郎『中華民国の誕生と大正初期の日本人』）＊54がある。この研究では、大正初期の日本では、民間の言動の影響が次第に政治におよぶようになり、政党政治家や民間の団体の一部に「国民外交」という主張が表われたように、その影響は対中国政策にまで波及するようになったことを指摘した。この分析の視角は、同時代の中国にも同じような現象が起こっていたのではなかろうか、と示唆がされている。

以上のように、これまでの研究によって、この時期の日本側の状況はかなり明らかにされている。しかし、これらはいずれも、日本から見た対中政策という枠内に留まっており、その実証において、日本を主体に、中国を客体としてのみ扱う傾向が見られた。

なお、加藤陽子『戦争の論理』＊55は、第一次世界大戦期における日本側の対外危機意識は戦争が長期化するにつれて、①開戦当初における中立中国と中立アメリカの良好な協調ぶりへの困惑、②同盟国イギリスと、太平洋の対岸にあるアメリカが、日本の参戦時に加えた戦域制限などに対する原理的な怒り、③勝敗が決することなく世界戦争が終わり、その後には中国を舞台とする経済戦が始まるとの暗い予測、④パリ講和会議の山東問題において日本の法理上の解釈が通用しなかったこと、⑤アメリカ上院におけるウィルソン攻撃の材料として山東問題が使われたことに対する失望と困惑が深まり、日本には日本がいまだ西欧列強からの圧迫を受けているのかもしれないという考えや、日本のアジアにおける安定的な支配を脅かされているという考えが生じたことを指摘している。

また、中国の政治思想史研究については、浜下武志、佐藤慎一、溝口雄三の研究が代表的である。浜下武志『近代中国の国際的契機―朝貢貿易システムと近代アジア』＊56は、アジア近代史は近代西欧世界がアジアに与えた衝撃の歴史として説き起こされてきており、この分析視角に対する方法的反省が現代的課題であると指摘した。佐藤慎一『近代中国の知識人と文明』＊57は、一九世紀後半から二〇世紀前半の中国の知識人が不平等条約をいかに捉えていたかという問題設定で、中国の万国公法の受容から中国が文明国化していく過程を考察した。溝口雄三の研究＊58は、アヘン戦争以後の西欧の侵入、それに対する対抗、敗北、混迷、革命、建設という動因から文節づけている近代中国の文脈を、中国の歴史の全体像が見える高い位置に視座を置いて俯瞰してみれば、それらの事象が一六、七世紀以来の古い文脈に連なっていることが見えてくる、と示唆した。それは、王朝の崩壊を、中央集権から地方分権への文脈として見る場合には、一六、七世紀の「封建（＝地方自治）」論、宗族制的「民間」空間の拡大、地方の名望家による「郷」的公共活動、湘軍・淮軍の建軍による省の軍事権の確立、省独立による辛亥革命すなわち王朝体制の制度としての瓦解といった、絶え間のない地方分権化の流れとして捉えられるという。

第三節　研究の視角と本書の構成

さて、以上のように日中両国の研究史を整理してきた上で、第一次世界大戦期における日中政治外交史研究になお不足の点があるとすれば、それは、両国の史料の突き合せが十分にされていないという欠点が多く残っているということであろう。日本の研究は日本の史料を、中国の研究は中国の史料を立論の根拠にしているが故に、自国中心の歴史観が形成されやすく、そこにいわゆる歴史認識の違いが生じる所以であると考えられる。また、日中外交と中国の国内政治の変動との関係に注目して考察した研究は、決して多くないように思われる。なお、ここで言う中国国内政治の変動とは、中央集権化への動きと交錯して、地方分権化への動きも同時に存在していたことである。このような研究状況をふまえて、本研究では、両国の史料を照らし合わせながら、「大隈・寺内内閣と袁・段政権」期における日中外交と中国の国内政治の変動との関係に注目して考察を行う。

第一章では、まず、日本の対華二一か条要求に対する袁世凱の考えを分析し、中国側の対日交渉方針の決定とそれが交渉会議で実行されていく経緯を明らかにする。次に、二一か条交渉過程において、北京政府はどのような外交策略を展開していたのか、それにより、二一か条交渉外交にどのような効果をもたらしたのか、二一か条交渉外交は、北京政府にとって、その内政政策にどのような作用や影響があったのかを明らかにする。そして袁と北京政府は「二一か条要求交渉」外交を、地方に対する中央政府としての正当性の調達資源にすることによって、国内情勢の安定、地方政府に対する実効支配能力の向上を図っていこうとしたことを導き出す。

第二章では、中国の帝制運動をめぐる日中外交がどのようなものであったかを明らかにする。その中で、従来の研究は日本の中国への内政干渉という局面だけに注目したのに対し、本書では袁と北京政府の動きに注目して、なぜ中国の帝制運動をめぐって日中外交関係が挫折に終ったのかを考察する。袁は帝制承認問題と中国の対独断交問題という二つの外交課題を絡み合わせ、列国の手を借りて、日本を国際政治から孤立させ、日本の承認を認めさせようと考えていた。そこで、袁は先に露国に対し帝制実施の承認を求めた。これが結果的には、袁の外交策略の失敗につながったことについて論証する。

第三章では、日本側において、倒袁政策がどのようにして決定されるに至ったのか、それが中国の国内政治にどのような影響を与えたのかを考察し、なぜ権力の頂点に立った袁世凱が急転直下のように失脚したのか、その真相を明らかにすると同時に、日本の倒袁政策の動向と中国の国内政治の変動との連鎖関係を導き出す。そして袁の「失脚」は、北洋派内部の分裂が主な原因であったことを明らかにする。

第四章では、日本側においては援段政策がどのようにして本格化したのか、そのプロセスと中国における政界変動の関係を見、またその中で、中国側においては日本の援段政策を、どの政治勢力がどんな目的で、どのように受け入れ、利用したのかを明らかにし、この両国の相互変化を踏まえて、日中関係にもたらされた影響を導き出す。参戦外交をめぐって、北京政府は自らの政権基盤を強化しようとし、様々な混乱があったものの、段による一時的な収束が、日本側からみれば段政権の確立と理解され、寺内内閣の援段政策は本格化したが、これは結果的に誤解であったことについて追究する。本研究の本論部分が扱う時期は一九一七年の前半までである。これは、一九一七年のロシア革命により中国をめぐる国際環境が大きく変化し、それまでに出来上がっていた特有な日中政治外交関係が複雑になっていくからである。

そして第五章の結論において、この時期の日中政治外交関係のあり方については、総合的な考察を加えたい。

なお、本論の後に、「大隈・寺内内閣と袁・段政権」期において形成されていった日中政治外交の構造が一九三〇年代に受け継がれたという仮説＝今後の課題に関して、その論証への試みという意味で、「天羽声明と日中外交」、「川越・張群会談と日中外交」を付論とした。

＊注

1　李剣農『最近三十年中国政治史』上海太平洋書店、一九三〇年。

2　王芸生『六十年来中国與日本』大公報出版部、一九三三年。

3　『申報』一九二八年六月一五日、第四版。

4 陳伯達『介紹窃国大盗袁世凱』晋察冀日報社、一九四六年。
5 李毓澍『中日二十一条交渉（上）』中央研究院近代史研究所、一九六六年。
6 章伯峰「皖系軍閥與日本帝国主義的関係」『歴史研究』一九八二年第六期。同著「直皖戦争與日本」『近代史研究』一九八七年第六期。
7 裴長洪「西原借款與中国軍閥的派系闘争」『河北学刊』一九八三年第四期。
8 来新夏『北洋軍閥史稿』湖北人民出版社、一九八三年。
9 焦静宜『北洋政府総統與総理』南開大学出版社、一九八九年。
10 莫建来「段祺瑞的武力統一與日本的対華政策」『民国档案』一九八八年第三期。同著「試論皖系軍閥的形成」『民国档案』一九九二年第一期。同著「皖系軍閥的特点及其評価」『江海学刊』一九九二年第一期。
11 馬烈「段祺瑞怎様従抗日派転変為親日派」『民国春秋』一九九二年第四期。
12 婁向哲「北洋軍閥與日本関係述論」『南開学報』一九九三年第五期。
13 黄尊厳「日俄日徳戦争中日本侵華策略試析」『求是学刊』一九九五年第五期。
14 楊徳才「段祺瑞與中国参戦新探」『学術月刊』一九九三年第四期。
15 紀能文「従共和総統到洪憲皇帝—袁世凱洪憲復辟的歴史透視」『天津師範大学学報』一九九六年第四期。
16 王建朗「北京政府参戦問題再考察」『近代史研究』二〇〇五年第四期。
17 陳剣敏「段祺瑞力主中国参加一戦縁由新探」『安徽史学』二〇〇一年第四期。呉彤「中国参加一戦與日本的関係」『西南大学学報』二〇〇八年第五期。
18 前掲、王芸生『六十年来中国與日本』。
19 張玉法編『中華民国史稿』聯経出版社、一九九八年。張憲文編『中華民国史・第一巻（一九一二～一九二七）』南京大学出版社、二〇〇六年。李新編『中華民国史・第二巻（一九一二～一九一六）』中華書局、二〇一一年。
20 唐啓華『被廃除不平等条約遮蔽的北洋修約史』社会科学文献出版社、二〇一〇年。

21　波多野善大『近代軍閥の研究』河出書房新社、一九七三年。
22　久保亨ほか編『シリーズ二〇世紀中国史（四）―現代中国と歴史学』（東京大学出版会、二〇〇九年）二～三頁。
23　溝口雄三『方法としての中国』（東京大学出版会、一九八九年）二五七頁。
24　山田辰雄「今こそ民国史観を」『近きに在りて』第一七号、一九九〇年。
25　野澤豊『日本の中華民国史研究』汲古書院、一九九五年。
26　横山宏章『孫文と袁世凱』岩波書店、一九九六年。
27　横山宏章『中華民国史―専制と民主の相剋』三一書房、一九九六年。
28　山田辰雄「袁世凱帝制論再考―フランク・J・グッドナウと楊度」『歴史のなかの現代中国』勁草書房、一九九六年。
29　川島真『中国近代外交の形成』名古屋大学出版会、二〇〇四年。
30　金子肇『近代中国の中央と地方』汲古書院、二〇〇八年。
31　「袁世凱政権における国家統一の模索と諮詢機関の役割」『東洋学報』第七九巻第二号、一九九七年。
32　狭間直樹「東アジアにおける共和思想の形成」（辛亥革命百年記念論集編集委員会編『総合研究―辛亥革命』岩波書店、二〇一二年）。
33　堀川武夫『極東国際政治史序説―二十一箇条の研究』有斐閣、一九五八年。
34　長岡新次郎「対華二一か条要求条項の決定とその背景」『日本歴史』第一四四号、一九六一年。
35　島田洋一「対華二一か条要求―加藤高明の外交指導」『政治経済史学』第二五九号～第二六〇号、一九八七年一一月～一二月。
36　奈良岡聰智「加藤高明と二一か条要求―第五号をめぐって」（中西寛・小林道彦編『歴史の桎梏を越えて―二〇世紀日中関係への新視点』千倉書房、二〇一〇年）。
37　細谷千博「二一か条要求とアメリカの対応」『両大戦下の日本外交』岩波書店、一九八八年。
38　北岡伸一「二一か条再考―日米外交の相互作用」『近代日本研究（七）日本外交の危機認識』山川出版社、一九八五年。
39　曾村保信「袁世凱帝制問題と日本の外交」『国際法外交雑誌』第六五巻第二号、一九五七年。

40 臼井勝美『日本と中国—大正時代』原書房、一九七二年。同著「袁世凱の没落と日本」『政治経済史研究』第四五五号、二〇〇四年六月。
41 波多野勝「中国第三革命と日本」『近代東アジアの政治変動と日本の外交』慶応通信、一九九五年。
42 北岡伸一「大戦期における大陸政策と陸軍」『日本の陸軍と大陸政策—一九〇六～一九一八—』東京大学出版会、一九七八年。
43 斎藤聖二「国防方針第一次改訂の背景—第二次大隈内閣下における陸海軍関係」『史学雑誌』第九五編第六号、一九八六年。
44 樋口秀実「袁世凱帝政運動をめぐる日中関係」『國學院雑誌』第一〇八巻第九号、二〇〇七年。
45 前掲、北岡伸一「大戦期における大陸政策と陸軍」。
46 斎藤聖二「寺内内閣における援段政策確立の経緯」『国際政治』第七五号、一九八六年。
47 森川正則「寺内内閣期における西原亀三の対中国『援助』政策構想」『阪大法学』第五〇号、二〇〇一年。
48 斎藤聖二「寺内内閣と西原亀三—対中国政策の初期段階」『国際政治』第七五号、一九八三年。
49 山本四郎「第二次大隈内閣の成立」『神戸女子大学紀要』第二〇巻第一号、一九八七年。
50 小林道彦「世界大戦と大陸政策の変容」『日本歴史』第六五六号、一九九四年。
51 坂野潤治「二一か条前後の外交と政治」『近代日本の外交と政治』研文出版、一九八五年。
52 高橋秀直「寺内内閣の成立期の政治状況」『日本歴史』第四三四号、一九八四年。
53 千葉功『旧外交の形成—日本外交一九〇〇～一九一九』勁草書房、二〇〇八年。
54 曾田三郎『中華民国の誕生と大正初期の日本人』思文閣出版、二〇一三年。
55 加藤陽子『戦争の論理—日露戦争から太平洋戦争まで』勁草書房、二〇〇五年。
56 浜下武志『近代中国の国際的契機—朝貢貿易システムと近代アジア』東京大学出版会、一九九〇年。
57 佐藤慎一『近代中国の知識人と文明』東京大学出版会、一九九六年。
58 溝口雄三『中国の衝撃』東京大学出版会、二〇〇四年。同著『中国思想再発見』左右社、二〇一〇年。

第一章
二一か条要求交渉と日中外交

はじめに

日本の対華二一か条要求については、数多くの先行研究がなされている。しかし、日本側の研究＊1はその多くが日本の対中政策の視点から、その背景や動向に重点を置き、論述されている。二一か条要求交渉経過はかなり正確に明らかになっているが、中国側の動向については、あまり考慮が払われていない。本章では、論述の関係上、先行研究に重なるが、袁と北京政府の動きに焦点を当てて、交渉過程について触れたい。

いっぽう、中国においては、中国外交史そのものが、近代中国が列強の侵略によって半封建、半殖民地状態となり、そしてしだいに列強の侵略に抵抗しながら大国化していくストーリーの下にある。昨今、これに、近代化やナショナリズムの要素が加わっているが、主旋律は変わらない＊2。無論、これまでの外交史研究において、第一次世界大戦は大きなトピックであった。しかし、共産党史観や国民党史観では、日本軍に山東半島の一部を占領され、対華二一か条を突きつけられたことをもって、「売国の外交」＊3や「屈辱的な外交」＊4というような位置付けをし、そうすることで五四運動を反帝国主義（反日）的で、反封建主義（反売国奴＝北京政府）的なものとして正当化してきた面があろう。川島真の指摘によれば、二一か条を「屈辱」と見るか、これも「戦争にしなかった」ないしは「戦争後に多くの条文を骨抜きにすることに成功した」と見るかも、当然議論のあるところであるが、この問題と関連して起きた五四運動が特に共産党史観にとって重要であったため、その侵略性と北京政府外交の問題性がいっそう強調される傾向にあったのであるという*5。

さて、本章では、まず、日中両国の史料を突き合わせながら、①日本の対華二一か条要求に対する袁世凱の考えを分析する、②中国側の対日交渉方針の決定とそれが交渉会議に実行されていく経緯を明らかにする。次に、二一か条交渉過程において、北京政府がどのような外交策略を展開していたのか、それにより、二一か条交渉外交にどのような効果をもたらしたのか、そして二一か条交渉外交は北京政府にとって、その内政政策にどのような作用や影響があったのか、について検討する。

第一節　第一次世界大戦の勃発と日中外交関係の変動

(1) 大戦勃発までの中国の政治情勢について

中国側では、一九一三年から一九一四年にかけて、袁世凱政権では大総統「独裁」への政治改革が急速に推し進められていった*6。

まず、一九一三年一〇月、憲法会議において「大総統選挙法」が決議され、大総統の任期を五年としその再選を認めると定められた。次に、一九一四年一月、袁世凱大総統の命令により参議院・衆議院が解散され国会が機能を失った。五月、国務院に代って総統府に政事堂が設置され、さらに大総統府統率弁事処が設けられた。また、五月一日に公布された「中華民国約法」によって、行政・軍事・立法・外交のすべての権限を大総統が統括することが明文化された。このように、袁と北京政府は、早くも一九一四年半ば頃において中央国家権力の組織的統一性を制度的には確立をしたのである。

しかしいっぽう、周知のように清王朝の崩壊ないし中華民国の建国は各省の独立によるもので、その各省独立の背景には、清末以来、内乱を治めるために中央政府が推進してきた地方分権制度があった。かくて袁と北京政府にとって、内政面では中央統治権の地方への浸透を目指して、中央集権制を完成させていくことが、次なる課題として浮上してきたのである。

他方、外交の面においては、前代清王朝から継承されてきた不平等条約の改正という国家の存立に関わる課題が残ったままであり、北京政府が国際社会に対等な文明国として参加することは困難であった。袁と北京政府にとってみれば、清王朝が倒れて国力が衰弱している状況の下、これ以上に国権を列強に奪われないようにすることが外交課題であった。

（２）大戦勃発までの日本の政治情勢について

日本では、一九一四年一月二三日、同志会代議士の島田三郎が衆議院予算委員会で海軍軍人の収賄を取り上げ、山本内閣を攻撃した。いわゆるシーメンス事件の発生である＊7。この事件をきっかけに、山本内閣は三月二四日に総辞職し、組閣してからわずか一年余りで倒れた。大正政変以降の日本の政局で山県系官僚閥、薩摩派、政友会という主要政治勢力が相次いで打撃を受けたため、山本内閣の後継選びは非常に難航した。やがて、一九一四年四月一三日に、大隈重信に組閣の大命が下り、第二次大隈内閣が発足した＊8。

一面では、大正政変期の陸海軍の対立（＝軍の内紛）は日英攻守同盟体制の動揺に起因するものであったが、それは軍の政治的弱体化とそこから派生した軍の政治的敗北をもたらし、それに衝撃を受けた陸海軍は軍備・大陸政策両面にわたる再調整を模索し始めていた。日露戦後には、寺内正毅・山本権兵衛を中心とする長州・薩摩勢力の陸海軍分掌支配体制が確立したのであって、藩閥的行動原理から相対的に自由な専門的軍事官僚による軍支配は、いまだ実現していなかった*9。

(3) 大戦の勃発と日中外交関係の変動

一九一四年夏に勃発した第一次世界大戦によって、極東における国際情勢は大きく変化した。日本の政治・軍事指導者にとって中国問題解決の絶好のチャンスであり、大正政変とシーメンス事件によって、その威信をいちじるしく傷つけられた陸海軍にとって、大戦の勃発は国内レベルでは、なににもまして威信回復の好機として受けとめられた*10。かくて大戦の勃発は「大正新時代ノ天佑」*11と呼ばれたが、それは主として日本の中国政策に関して言われたものであった。すなわち、大戦は、ヨーロッパ列強の極東からの後退をもたらし、欧米列強の資本と日本を含む列強間の相互対立に大きく依拠していた袁世凱政権の基盤を動揺させ、さらに日本の貿易・産業を飛躍的に発展させた。日本の中国政策の主要な制約要因であった欧米列強の牽制、中国の抵抗、そして日本の経済力の脆弱性はいずれも大幅に緩和されることになり*12、日本にとって自主的外交を行える環境が出現したのである*13。そのため日本にすれば、日中両国間外交関係の再構築を狙っていくことが当然のこととなり、中国政府に対して欧米列強ではなく日本に依頼し、日本の指導を仰ぐという意味での「日中親善」を求めるようになったのであろう。

いっぽう、中国にとってみれば、第一次世界大戦がもたらした列強の東洋政策の空白によって、前代清王朝から継承されてきた不平等条約の改正という国家存立上の一大問題の解決に取り込んでいく道標が見えてきたのである。しかし、日本は対独開戦以来、ドイツの租借地である膠州湾、山東鉄道全線、そして青島を次々と占拠し、中国における軍事力を強化したため、袁と北京政府にとっては、対日外交関係はより慎重に処理しなければならない問題になったのであろう。

現に第一次世界大戦勃発直後、北京政府の顧問である寿栄からは、「英、米、日、独の各国に対し在華権益を与えることを約束することによって、列強が互いに牽制し合うように仕向けること、特に米・英の力を借りることで日本に対抗すること、そうして、はじめて中国の平和安定ないし利権を保持することができる」という内容の「意見書」*14が袁世凱に呈された。一九一四年一〇月三日、ラインシュ（Paul S. Reinsh）アメリカ公使が袁世凱に謁見した際、袁はラインシュに対し、アメリカからイギリス政府に協商を持ちかけて、日本の山東における軍事行動を牽制するよう求めた*15。

このように、日本は欧米列強の制約から離れて、日中両国間外交交渉関係の構築を狙ういっぽう、袁と北京政府は、はじめから日中両国間だけで外交交渉を行うことを拒もうとしていたのである。

第二節　日本の対華二一か条要求の提出について

大隈内閣の外相は加藤高明であったが、一九一四年四月一六日、大隈内閣成立の際、前外相牧野伸顕より左記の通り中国における利権問題に関する引継がなされた。

支那ノ運命ハ帝国々勢ノ消長ニ重大ノ関係ヲ有ス、故ニ現下隣国ノ形勢ニ顧ミル時ハ将来其政治組織ノ崩壊或ハ分裂ノ端緒ニ遭遇スル事アルベキヲ予期セザル可カラズ、其場合ニオイテハ単ニ歴史的地理的モシクハ同文同種ノ縁故ニ多ク干渉容喙ノ理由ヲ置ク可カラズ、根本的事業（鉄道、鉱山、農業等）ニ関係ヲ結ヒ万一ノ場合ニハ所謂発言権ノ分量ニ不足ナカラン事ヲ企画セザル可ベカラズ*16。

これより先の一九一二年、組閣の大命を拝した桂太郎は、当時駐英大使であった加藤高明に対し、外相就任のため、帰朝するよう電請した。加藤は同年一二月二〇日付返電をもって、これを受諾したのであるが、彼は帰朝に先立ち、一九一三年一月三日及び一〇日の二回にわたって、グレイ（Edward Grey）イギリス外相と会見し、満州における日本の地位確立について懇談を遂げた。会見では加藤がグレイ外相に対し、私見として関東州租借地が日本国民にとって深い歴史的感情の因縁を有するものであり、「日本は、旅順大連及其後背地を含める関東州には永遠之に占拠するの決心を有する」、これは「現政府の方針と云ふにあらず、如何なる政府の下に於ても不変の方針にして畢竟日本国民の決意に外ならず」*17、これを実現するために対華交渉を早晩提起しなければならないと述べた。加藤は、南満州鉄道の経営権についても、日本は期限延長を請求すべきであるが、その談判も租借期限延長の談判と同時になすこと、また安奉鉄道についても、その沿革や交通系統上の使命に論及して、南満州鉄道と運命を同じくすべきものであると語り、これら懸案解決のための対華交渉は、これを「提起すべきサイコロジカル・モーメント」を見て*18、開始する考えである旨を陳述し、英国政府の諒解を求めようとしたのである。

さて、東京では一九一四年一一月、岡市之助陸相が陸軍の各層の意見を取りまとめ、「日支交渉事項覚書」を外務省に送った。その内容は①関東州租借期限の延長、②間島の租借、③日本による満鉄・安奉鉄道の永久所有、④吉長鉄道の譲渡、⑤満蒙における日本人の土地所有権・居住営業権付与、⑥中国本土の要地における鉄道敷設権付与、⑦日本の指導による軍事改革、⑧外国への利権譲与・借款契約の際の日本への事前相談、というようなものであった*19。

結局、加藤外相から中国関係事項を一任された小池張造（政務局長）が、各方面から外務省に寄せられた各種の要求を取りまとめ、二一か条要求原案を作成した。そして一一月七日に青島が陥落すると、加藤外相は対中要求交渉の開始を決意し、一一日の臨時閣議で交渉案を決定した。一二月、加藤は日置益駐中国公使を北京から帰朝させ、二一か条要求案を手交した*20。

北京に帰った日置は一九一五年一月一八日午後四時、袁世凱大総統に謁見し（曹汝霖外交次長列席）、簡単な挨拶の後、日本政府は、両国永久の親善平和を図る見地から、覚書一通を作成したので呈上すると述べ、二一か条要求の覚書を袁世凱に手交した＊21。日置は袁に対し、目下日本には随分過激な対中意見を保持しているものがあり、甚だしきは革命党を煽動し、北京政府を転覆すべしとまで唱えるものがあるが、大隈内閣の方針はこれと異なり、中国の領土保全を主眼とし閣下の政府を援助して国交を鞏固にしようとするものであると説明し、もし日本朝野有力者が主張している特派大使の派遣が実現する場合には、「今回ノ如キ穏当ナル程度ニ止マラス、必然多大ノ要求ヲ為スニ至ルヘク、其結果如何ナル事態ニ立至ヘキヤ予想シ得サル所ナリ」＊22と、脅かして要求の受諾を迫った。

しかし、袁は日置に対し、「中日両国の親善は元より自分も宿望するところであるが、ただ交渉問題は、当然外交部の主管で処理すべきものであるから、曹次長に渡して外交部に持ち帰らせ、外交総長から貴公使に交渉させる」という返答をしただけで、覚書を卓上に置いたまま、開きもしなかったのである＊23。袁はこの突如の日本の要求提出に対して、極めて冷静な態度を装って見せたのである。

第三節　二一か条要求内容に対する袁世凱の考えについて

日置公使から袁世凱に手交された二一か条要求の条項＊24は大まかに①第一号の第二条と第四号が日本の独占的地域を確保するための中国領土の不割譲を規制するもの、②第二号の第一・三・四・七条が日本の中国における既得権益の確保と拡大を意味するもの、③第一号の第一・三・四条、第二号の第二・六条、第三号の第一条及び第五号の第二・五・七条が、中国における新たな権益を要求するもの、④第一号の第二条、第二号の第五条、第三号の第二条、第四号、第五号の第一・三・六条が、他の列強の受益を排除し、日本の独占的権利と地位を確保しようとするもの、というように分類できよう＊25。それはさておき、日置との会見を終えた袁は、二一か条要求の内容を逐条に検討して、自ら交渉に備えるためのコメントを記した。

袁は、まず、交渉を開始すべき時期について、「平和会議の後にすべきであり、どうしても認められなかった場合は、その前に開始しても仕方がない」と記している*26。つまりこれは交渉をできるだけ先延ばしするとの考えであった。

では、各条についての袁のコメントは、どのようなものであったのか。

まず「第二号」について、中国が日本における「南満州及東部内蒙古ニ於ケル日本国ノ優越ナル地位ヲ承認」するという条項については、「これを認めない。南満州と東部内蒙古とは別々」*27であると記されている。

次に「第二号第一条」の「旅順大連租借期限並南満州及安奉両鉄道各期限ヲ何レモ更ニ九十九カ年ツツ延長スヘキコトヲ約ス」という条項については、「元々露国との条約では九十九カ年よりも短かった。期間延長をしてはいけない」*28と記されている。

「第二号第三条」の日本人は「南満州及東部内蒙古ニ於テ自由ニ居住往来シ各種ノ商工業及其他ノ業務ニ従事スル」*29ことを得るという条項については、「これを一旦認めれば、将来列強が皆同じように要求してくると困る」と記されている。

「第四号」については、「独立国家として認められない」*30と記されている。

そして袁は、「第五号第一条」の「政治財政及軍事顧問」に日本人を傭聘するという条項については「我々の内政権が奪われる」*31と記し、「第五号」の全体に対し、「各条が皆内政に干渉するものまたは主権を損なうものであり、実に交渉の対象にすることも容認できない」*32とコメントをしたのである。

以上のように、交渉の時期について、欧州戦争が終結して平和会議の後（＝欧米列強が極東に復帰した時）まで先送りするのが袁の対策であり、それがどうしても認められない場合は、少しでも先延ばしすることが有利であると袁は考えていた。また、袁は、二一か条の要求内容に対し、①「第二号」について、南満州と東蒙古を分けて交渉しなければならないこと、②「第四号」については原則認められないこと、③「第五号」は全く交渉に応じる余地がないというように考えていたのである。

第四節　二一か条要求交渉の開始と北京政府の対応

袁は、一月一九日、外交総長孫宝琦、外交次長曹汝霖、秘書長梁士詒、政事堂左丞楊士琦の四人を総統府に召集し、「日本が今回提出した覚書は、意義甚だ深く、彼らは今欧州戦争が酣で、各国とも東洋を顧みる暇がないのを絶好の機会として、この覚書を提出し、我国を制圧しようとしている。ことに第五号の如きは、我国を朝鮮視せんとするもので、絶対に交渉すべきものではない」と全員に対して、訓示した＊33。

また、同じ日に袁は、内謁してきた総統府顧問である坂西利八郎に対し、「頗ル憤慨シタル語気ヲ以テ日本国ハ平等ノ友邦トシテ支那ヲ遇スヘキ筈ナルニ、何故ニ常ニ豚狗ノ如ク奴隷ノ如ク取扱ハントスルカ」と不満を述べ、「要求条件ニ対シテハ出来得ル限リ譲歩スヘキモ出来ヌ事ハ出来ヌ故致シ方ナシ」＊34と、その交渉に臨む強硬な決意を伝えた。

一月二一日から二三日にかけて、総統府で、対策をめぐって連日会議が招集された＊35。出席者は孫宝琦外交総長、曹汝霖外交次長のほか、国務卿徐世昌、陸軍総長段祺瑞で、会議の結果、袁の意見指示に従い①交渉会議開始時期を駆引きすること、②全体の討議を避け遂条に討議すること、③「第五号」は交渉に応じないことという基本交渉方針が定められた。一月二一日に、高尾亨（日本公使館書記官）が曹汝霖外交次長に電話で、「交渉会議を何時始めるか」と訊ねたが、曹は「貴国公使がまだ覚書を外交総長に提出していないのに、どうして会議を開けるか」と交渉開始の時期を遷延しようとした＊36。一月二五日、曹は日置公使を訪ね、「談判ハ外交部ノ都合上毎土曜日ニ行フコトトシタシ」、すなわち週に一回の交渉で商議して行きたいと申し出たのである＊37。

このような北京政府の意向についての現地報告に接した加藤外相は、一月二六日、日置公使に対し、「帝国政府ハ今回ノ対支交渉ヲ迅速ニ解決スルコトヲ以テ極メテ肝要ナリトスルモノニシテ、若シ支那側希望ノ通リ僅ニ週一回商議スル」こととなると、解決の時期が延引され、「其ノ間ニハ交渉ノ内容自然外間ニ洩レ交渉ノ進捗ヲ妨碍スルカ如キ論議モ必ス発生スル」＊38虞があるとして、北京政府に連日協議することについて同意を求めるべきだと訓令した。加藤外相は、二一か条要求交渉において、その交渉内容が外部に洩れて、他列強の干渉や国内政治上および国内外世論の難問題を惹起することを懸念していたのである。

ところで、加藤外相に交渉方針を訓令された日置公使は、曹汝霖に面会して、「是非共連日会議ヲ開クコト」＊39と連日の交渉を求めたところ、袁と北京政府が対応策として取ったのは、外交総長の更迭であった。それは孫宝琦を税務処督弁に転出させ、陸徴祥を外交総長に任命する＊40というものであった。そして一月二七日、陸徴祥が外交総長に就任することが正式に公布された＊41。

では、袁は、なぜ二一か条交渉開始に際し、陸徴祥を外交総長に任命したのか。それはいくつかの理由があったと考えられる。これより先、北京政府は一九一四年七月一日に「外交部官制」を発布した。川島真の論述によれば、その第一条に「外交部は大総統に直接属する」と明記され、第八条と第九条で外交総長は、「各省巡按使および各地方最高級行政長官が外交部の主管事務を実行するに際し、それらへの監察・指示の責任を負う」、「地方側が違法行為あるいは越権行為をはたらいた場合には、大総統に要請しその行為そのものを無効にすることができる」と定められた＊42。袁と北京政府は地方の外交権を中央に集中して、大総統主導の外交中央集権化を図っていたのである。そして袁は、今回日本の対華二一か条要求が、北は満州から南は福建省に至る広範囲な地域を対象としていることを利用して、この前年に打ち出した「外交部官制」を実質化していくことを狙っていたのであろう。

袁は陸の外交能力を高くかっていた。かつて袁が清国外務部外務尚書（一九〇一年）を務めていた頃、陸徴祥のことを「尤も列強情勢を洞察する能力があり、つねに適切な策略見解がある」＊43と評価していた。その後、清朝が倒れて袁世凱が臨時大総統に選ばれた一九一二年三月に唐紹儀内閣が発足し、外務部が外交部と改められた時に、袁は当時駐露大使であった陸徴祥を北京に帰朝させ、外交総長に任じた。一九一三年九月に陸徴祥は外交総長を辞したが、その後も、袁の側近として総統府外交顧問を務めていた＊44。このように袁にとって陸は、能力があり、かつ信頼できる人物で、今回の外交総長の重責を負うのに最も相応しい人選であった。陸徴祥は清末以来、オランダ、ロシア大使を歴任し、その外交界における声望は高く、二一か条要求という重大な外交交渉を担当することにあたって、国内外からの非難が起こりにくいと考えられた。そして、陸は全く日本語が分からないので、交渉において時間を遷延するのに有利だったからであった＊45。

かくて、二月三日になって、第一回交渉会議がようやく北京政府外交部で開かれた。会議には、日本側は日置公使、小幡酉吉参事官、高尾書記官、中国側は陸外交総長、曹次長、秘書施履本が出席した＊46。陸総長と日置公使がそれぞれ自国語で話し、小幡参事官、高尾書記官、曹外交次長が通訳をした。この第一回交渉会議では、日置公使は日本政府の訓令に従い、「今回わが国は極力速決を願っているので、毎週五回」会議すること、要求内容を一括して交渉することを要求したが、陸総長は「外交部では毎週三日は各国公使団との会見日に決まっている」＊47ため、毎週五回は不可能であり、最多「週二回程度の会議」が実行可能とし、「会議は現条件の順序に照らして進行し、一条を議決してから、次の一条を議したい」、つまり逐条交渉することを提案した＊48。

さて、第二回交渉会議が開かれたのは、二月五日であった。この第二回会議では、北京政府外交部は、下記のように交渉意見を陳述した。まず、二一か条要求内容の「第一号」について、「第一号第三条については、芝罘・濰県間の鉄道につき、すでに独華間の取極がある。即ち、この鉄道については、独資の導入を協議することとなっているが故に、この独華取極に抵触しない範囲で、日本と商議したい。第一号第四条については、中華民国政府としては、日本の提案を修正した上で、応諾する方針である」＊49。次に、「第二号」に対し、「第二号第一条については、中華民国政府は租借地の存続に反対であるから、租借地及び鉄道の期限延長については、修正意見を出したい。第二号の第二条及び第三条については、南満州と東部内蒙古とを分離し、東部内蒙古に関しては、この要求を認めることができない＊50。第二号第四条についても、東部内蒙古を除外したい。且つ南満州内の鉱山採掘権許与に関しては、門戸開放主義に違反しないようにしたい。第二号第五条についても、また、東部内蒙古を除外する。且つ第二項の担保中諸税とあるのは、その範囲が広すぎる。第二号第六条についても、東部内蒙古を除外したい。第二号第七条は、中華民国政府としては、考慮の余地がない」＊51と答えた。次に第三号には、「第三号については、漢冶萍公司は民間企業であって、政府がこれに干渉すべきものではないから、考慮の余地がない」＊52、次に第四号には、「第四号は、独立国として、このような約束を容認できない」＊53、最後に第五号には、「第五号は、中華民国の主権に抵触するものである。従って、中華民国政府としては、商議に応じることができない」＊54と述べた。

以上のように、陸総長は袁世凱の意見指示に従い、日本の要求の中、第一号と第二号の一部の条項のみを、修正を加えた上で受諾するに止まり、その他の条項及び第三号第四号、第五号は商議に応じない姿勢を見せたのである。

交渉がようやく実質審議に入ったのは、要求提出から一ヶ月を経過した二月二二日のことであった。日本側からすれば、ようやく実質審議に入ったものの、①日本の優越的地位を南満州のみならず東蒙古にまで適用するか否か（第二号第二・六条）、②満蒙における日本人の居住・往来・営業権と土地所有権を承認するか否か（第二号第二・三条）、の二点において、すなわち第二号要求に関して交渉は完全に行きづまった状態であった＊55。その後も、暫くの間、日中交渉は進捗を見せなかった。

第五節　「第五号」の秘匿問題をめぐって

（1）日本の「要求内容」に対する列強の反応について

加藤外相は二一か条要求交渉において、その交渉内容が外部に洩れることを懸念していたことは前述したが、これより先、加藤外相は日中交渉の開始にあたって、日独開戦以来の同盟国には、ある程度交渉要求内容を知らせておく必要があると認識していた。すなわち、加藤外相は、対華要求交渉の提出が決まった一月上旬、井上勝之助駐英大使宛て「日中交渉開始ニ関シ商議内容ヲ英国外務大臣ニ内密伝達方」＊56を訓令し、「第一号～第四号」に相当する内容を通知した。加藤は井上に対し、後日政府の訓令を待って、同内容を英国政府に内示すべきであるが、その場合、今回の「対支要求ハ何レモ門戸開放機会均等ノ主義ニ何等抵触スル所ナク、又ハ連合諸国及中立諸国カ支那ニ於テ有スル特殊ノ権利利益ト毫モ衝突スル所ナカラシムル様留意シタルモノナル旨」を示せと命じた。そして、加藤の指示により、同電信が日本の「在露在仏及在米」各大使にも転電された。

二一か条交渉要求提出後の翌一月二〇日、加藤外相は井上に対し、「対支提案内容ヲ適当ノ機会ニ於テ」一月八日の「電訓通リ英国外務大臣ニ内告」しろと命じたので、井上は二三日、英国グレー外相を訪問し、「極メテ内密ニ同大臣」に要求内容（第五号を除いて）を内示し、その内容を英訳した「対支交渉要領書」を手交した。また同じ日に、「加藤外相の内告に関する訓令」は井上より石井駐仏、珍田駐米、本野駐露各大使に内報された＊57。

これとともに、一月二五日、加藤外相は英国駐日グリーン（William C. Greene）大使と会談する際に、同大使に対し、「対支交渉英文要領書」を内示したが、グリーン大使が「沿岸港湾及島嶼不割譲ノ点ハ列国ニ於テ最モ重要視スル所」になるだろうと指摘したところ、加藤外相は「日本ニ於テ何等領土的野心ヲ有スル次第ニアラス、曩ニ米国ニ於テ三都澳ヲ海軍根拠地トスルコトニ付支那ニ交渉シタリトノ噂モアリ、是等ニ対スル為是非共此種ノ約束ヲ必要」

とするものであると力説したのである＊58。ついで、二月五日に、加藤外相は仏国大使、そして露国大使との会談に際して、両大使に二月三日に英国大使に内示したものと同一内容の「対支交渉英文要領書」を手交した＊59。

他方、「加藤外相の内告に関する訓令」に接した珍田捨巳駐米大使は、二月八日午後アメリカのブライアン（William J. Bryan）国務長官に面会し、一月八日付加藤外相から通知された「交渉要求内容」（第一号〜第四号に相当するもの）を、①山東に関するもの、②満蒙に関するもの、③支那沿岸港湾島嶼不割譲及び漢冶萍公司合併の三項目に分けて、英訳した「対支交渉綱領英文箇条書」を手交し、ブライアンの質問に答えながら、対華交渉要領の内告を行った＊60。後の二月一一日付珍田大使より加藤外相宛の「対支交渉綱領内告」についての報告書によれば、国務長官は「我要求項目全部ニ亘リ別ニ意外ノ感若クハ疑惑ノ念ヲ懐キタル如キ形迹」がなかったという＊61。東京では、二月九日、加藤外相が米国大使と会談する際に、加藤外相が日中交渉要求内容について説明したところ、ガスリー（George. W. Guthrie）大使に「米国の利益ニハ関係ナキヤ」と問いかけられたが、加藤は「自分ノ承知スル限リ米国ノ利益ニハ何等関係ナシ」と答えたのである＊62。

このように、日本は列強諸国に対し、対華交渉要求内容（第五号を除いて）を内示したが、日本の対華交渉要求に対して、英・米両国をはじめとして、列強からは、異議や反対意見がなかったのである。

（2）「第五号」の秘匿問題と北京政府の対応

「第五号」については、袁と北京政府は、日本が後に譲歩のために挿入したものであると最初から判断していたが、これが列国に秘匿されているのを知らなかった＊63。

二月始め頃、陸外交総長は露国クルペンスキー公使との内談において、日本の対華要求の内容は四号の他に、第五号の要求が存在し、内容として、「日本の同意なしに、福建省内地を第三国に借用させてはいけない」、「中国国内において、日本人は布教権、学校経営権、寺院経営権を有す」、「日本は中国の警察機関の改編に参与する」、「中国は有力な日本人を政治・財政・軍事に聘用する」、「中国は半数以上の軍事機械を日本に注文すること」が含まれているのを漏らしたと見られる＊64。そして、二月九日、袁と北京政府は露国公使の密告によって、日本が列強に内示した交渉要求内容の内、第五号が秘匿されているのを始めて知ることになったのである。

東京において陸宗輿公使は、第五号中の「江西と浙江間の鉄道問題」が英国の在華利益に深く関わっているのを知り、大使夫人間の親善関係を利用し、英国グリーン駐日大使に「第五号」の存在を暴露し、かつ第五号第五条つまり「武昌と九江南昌線を聯絡する鉄道及南昌杭州間、南昌潮州間鉄道敷設権を日本に許与する」という日本の対華交渉要求は英国の在華権益を深く侵害する可能性があることを訴えたのである＊65。日本政府の内示以外に、第五号が秘匿されているのを知ったグリーン大使は、二月一〇日加藤外相を訪問し、第五号に関し加藤外相を問い詰めたところ、加藤外相は「要求」条項の外に「希望」条項を提出していたことを認めた。これについて、グリーン大使は加藤外相に対して、「然ルニセヨ大使ヘ一言ノ御話ナカリシハ遺憾ナリ」＊66と抗議したのである。

また、細谷千博の指摘によれば、日本の提出した対華二一か条要求には、北京駐在のラインシュ米国公使が最初から激しく反発していた。彼は国務省宛の電報の中で、「中国の独立と西欧諸国の機会均等が危殆に瀕している」点を繰り返し強調し、政府の適切な対策を求めた。次いで、米国が日本から内示された二一か条要求交渉内容に関する覚書に第五号が除外されていたのを知ったラインシュは、二月一五日、その日本の覚書にコメントを加え、「それは要求のごく一部をしるしたにすぎず（中略）他に危険な、排他的な条項」が存在すると国務省に注意を促したという＊67。

この報告に接した米国国務省は、ラインシュの報告を元に、抗議の意を示す覚書を駐日ガスリー大使に電報した。二月二〇日、ガスリーは、加藤外相を訪問し、「過日御内告ニ預カリタル貴国ヨリ支那ニ対シ要求セラレ居ル事項ハ本国へ報告シ置キタル処今般此来電ニ接シ」＊68たとして第五号の秘匿を報じる電報を示して日本に対する不信感を表し、国務省からの覚書を加藤外相に提出した。これに対して、加藤外相は「希望条項」としての第五号が存在していることを認めざるを得なかったのである。

結局、加藤外相は珍田駐米大使をはじめ、井上駐英・本野駐露・石井駐仏各国日本大使に（第五号の内容を通知した上）、各国政府に対して、以前内示した「要求」条項の外に、「希望」条項としての「第五号」が存在していることの内告と、その内容を釈明するよう訓令を下した＊69。三月一三日、ブライアン国務長官は珍田大使に長文覚書を送り、日本側の要求に対し、いわゆる希望要求としての第五号の「第一項、第三項、第四項」の不承認を公式に通告したのである＊70。

そもそも、加藤外相が要求条項の他に、「希望条項」として第五号を入れたのは、主として、国内的譲歩によるものに過ぎなかったかもしれないが、北京政府はこの第五号の秘匿を掴み、それを機会として外交策略に効果的に使い、その結果、日本は列強に対し、「第五号」についての内示および説明をせざる得なくなった。そして、このような事態によって、日本は英・米国から猜疑を持たれることになり、「第五号」のみならず、二一か条要求全体について注意を向けられてくることになった。その後日本はしだいに、二一か条交渉において、不利、困難な局面に遭遇することになるのである。

第六節　日本の武力「示威」と北京政府の対応

二一か条要求交渉会議では二月五日の第二回会議以来、交渉の進捗は殆んどみせなかった。結局、日本政府は三月上旬、満州駐屯軍と山東守備隊の師団交代期を利用して、後任師団の出発を早め、前任師団の帰還を延期することで、武力的威圧を加えた。

三月下旬、北京政府には、満州方面＊71、山東方面＊72の地方政府より、日本陸軍の増兵が著しいという報が届けられた。そのため、袁と北京政府は、日本の交渉要求に対し、ある程度対抗姿勢を緩める必要があると判断したのであろう。陸外交総長は日置公使に対し、三月九日の第八回会議＊73、三月一三日の第九回会議＊74において、旅順、大連の租借地問題、南満、安奉両鉄道問題について、妥結する姿勢を見せたのである。しかし一方では、袁と北京政府は、三月一四日、駐英国公使（施肇基）に訓電し、「今回の要求中の漢冶萍公司に関する条項は、日本が英国の揚子江地域における利権を奪う狙いがある旨を英国国民の立場から掲げる形」＊75にして、英国の世論を操縦するように密令したのである。

次いで、交渉会議は、四月に入ると、第五号問題の具体的討議に入る。増兵は、「第五号」の交渉と時期を同じくし、あたかも日本政府は軍事力の威嚇を背景に、「第五号」の要求貫徹を意図しているような印象を一般にあたえている。日置公使は、「第五号中ニハ我対支政策上重要ナル意義アル問題ニ三ニ止ラザル」ものがあるとし、「最微細ノ点ニ迄立入リ忌憚ナキ意見ヲ闘ハシ極力支那側ノ反省ヲ促スニ努メ」ようとする姿勢で討議に臨んでいた＊76。

かくて北京政府は、交渉に臨む日置公使の強硬的な態度と、三月上旬以来の日本軍の増兵という強圧に直面し、困難な立場に立たされ、この事態に列強の積極的介入を引き出そうとして動いた。袁は三月二三日、ラインシュ公使との会見において、米国からの介入・支援を強く要請したという＊77。これとほぼ同時に、北京政府は英国駐華商人総会を介して英国外交部宛に、日本の要求に対して、中国は既に旅順、大連の租借地問題や南満、安奉両鉄道問題についての条項を受諾したこと、現在未決着の交渉条項は中国の主権を侵害するものか、第三国の在華利益に抵触するものであることを指摘し＊78、「日英同盟」の主旨は「中国領土の完全な保護」にあるが故に、英国政府は日本の対華要求を認めない立場に立って欲しいことを申入れた。

しかし北京政府は四月に入っても、英、米両国からの「公式的声援」を得られなかった。そこで四月一二日、袁と北京政府は、駐英国の施公使に再度打電し、「前日日本が列強諸国に対し、第五号は希望条項であることを内告したにも拘わらず、中華民国政府に対し要求条項と同じくその受諾を強要している」ことを開会中の英国議会で取り上げられるよう工作することを命じた*79。

四月一四日に至り、アメリカのラインシュ公使はウィルソン（T. Woodrow Wilson）大統領に電報を送り「日本が中国を屈服させるためアメリカの支持ないし黙認を強調し、それが新聞にも広まってアメリカのイメージが著しく傷つけられていること」*80を訴え、遂にアメリカでは四月一六日、ウィルソン大統領がブライアン国務長官に対し、「我々は状況が許す限り、積極的に中国の主権の擁護者であることを示すべき」*81だと指示し、日中交渉に介入する意図を明確に伝えたのである。

さらに、アメリカでは、日本による最後通牒通告の情報が伝えられると、ウィルソン大統領はすぐに英仏露各国政府に対し、日中交渉に介入して共同で日本政府に最後通牒の通告中止を勧告するよう呼びかけた。結局、英仏露各国いずれも共同抗議への参加を拒否したという結果になったが、北京政府が日本の最後通牒により、五月九日に日本の要求（第五号を除外した）を受諾した後の五月一三日、アメリカ政府は、次の内容の覚書を日本に提出した。「米国政府は、日中両国政府間にすでに締結された、あるいは今後締結される如何なる協定または了解であっても、それが中国における米国国家またはその国民の条約上の権利を侵害するものであったり、中華民国の政治的または領土的保全を毀損するものであったり、さらに通常門戸開放主義として知られる中国に関する国際政策に違反するものであるときは、米国政府はこれを承認しえないことを、日本政府に通告することを光栄とする」*82。このようにして、アメリカ政府は日本の中国政策への不信と反対を深めることになった。

第七節　二一か条要求交渉外交と北京政府の内政政策

北京政府は一月以来の日本の交渉に直面して、外交において困難な立場に立ったが、一九一五年頃の北京政府にとっては、その内政面も、決して安定したものではなかった。各地方で暴動や反政府勢力による乱が相続いていたからである＊83。そのため袁と北京政府は、二一か条要求交渉という外交課題に対処すると同時に、①国家の統一を保ち国内情勢を安定させること、②中央政府として地方政府に対する実効支配能力を向上させることという内政課題にも対処しなければならなかった。

そのため、袁と北京政府は、意図的に各新聞を操縦し世論を利用しようとした＊84と考えられる。日本の二一か条要求の覚書が北京政府に提出されたのは一月一八日であった。中国の新聞において、早いものは一月二二日から二一か条要求について、報道を始めた。一月の末ともなると、上海の英漢両新聞紙において、日本の対華二一か条要求に関して、各種の風説が掲げられ、論難攻撃が高まりつつあった。たとえば『亜細亜報』の社説では、日本の要求を受け入れることは、中国を「国家ト称スルヲ得ルヤ」と問いかけ、中国国民を「亡国ノ奴トナル」ものであると激しく批判した評論が出されたという情報を日本側に伝えた＊85。

二月中旬頃になると、袁と北京政府が行った新聞操縦の効果は、中華民国全土に広がり、安徽（進歩党、省教育会、商会）＊86、上海（洋貨商業公会）＊87、浙江（寧波商務総会、浙江紳民代表）＊88をはじめ、各地方政治勢力から、日本の要求に対抗して袁大総統と北京政府を支持する声が盛り上ってきたのである。

日本の二一か条要求に関して新聞が種々の風説を掲げ、日本を論難する気勢が高まっていた一月末頃、袁世凱は北洋派の中心人物である馮国璋に打電し、日本の要求内容が過重なものであることとその対処の苦心を告げたところ、このような過重の要求には馮の部下軍隊は「一斉ニ激昂反対スル所」＊89となったという。そしてその直後の二月一日、段祺瑞、馮国璋ら一九省の将軍が、各地を代表して連名で「中国の領土保全を破壊せんとする者には必ず死力を以って対抗す。中国は弱国と雖も国民は必ず国の為群起して殉す」＊90と声明するに至った。

三月下旬になると、日本が軍事力の威嚇を背景にして中央政府に「第五号」の貫徹を要求しているような印象を中国朝野にあたえたのであるが、いっぽう袁世凱と北京政府は、これを機会として、各地方官僚の対日結束を固めさせると同時に、それぞれの職務に努めさせ、政府に対するその忠誠心を喚起するために、三月三一日に、全国地方官僚を励ます「大総統申令」＊91を下したのである。

いっぽう、二月中旬になると、中国国内においては、各種の反日デモや日貨排斥運動が沸騰した。そのため三月二五日の第一四回交渉会議で日置公使は陸外交総長に対し、各地における反日運動の鎮圧を要請するに至った。翌二六日、北京政府は排日運動の取り締まりに関する「大総統申令」を公布し、「日貨ヲ排斥シ或ハ日本居留民ト行違ヲ生ゼシモノアルハ実ニ遺憾ニ堪ヘザル所ナリ、加フルニ乱党虚ニ乗ジテ人心ヲ煽惑セムトスルモノアルハ最モ痛恨スルニ堪ヘタリ、(中略)各地将軍巡按使等地方ノ責任アルモノハ此際十分注意シ、剴切ニ説諭禁止スヘシ、若シ乱徒ニシテ名目ヲ仮リ治安ヲ擾乱スルアラバ、直ニ厳重処分ヲ加ヘ以テ大局ヲ維持シ民生ヲ安ンゼヨ」＊92というように、反日運動の取り締まりと同時に、乱党の鎮圧も重視した命令を発したのである。

このような取り締まりは、袁と北京政府にとってみれば、日本の二一か条要求交渉外交によって生じた特殊の政治社会状況を利用して、内乱を徹底的に収めていくと同時に、地方に対する中央政府としての支配能力を強化していこうという内政策略の現れであったと考えられる。実際のところ、このような中央政府の策略に応ずるかのように、上海＊93、広州＊94をはじめ各地方政府が中央政府の指令に従って動いたのである。

二一か条交渉とは関係ないが、この時期に袁と北京政府が、地方の外交権を中央に集中させて、大総統主導の外交権を強化できた実例として、以下の歴史事象を挙げることができる。一九一五年四月六日、奉天地方官より北京政府統率弁事処に対して、奉天地方（遼源県）において日本軍と交渉する場合に、専属交渉人を派遣してもらいたいという要請をした。北京政府統率弁事処は、この奉天地方官からの要請を許可し、外交部を通して奉天地方官に対して、その旨の政府命令を下した＊95。

ところで四月に入ると、北京や上海周辺を中心に、有志より寄付金を募集し、造兵廠の建設、陸海軍の訓練などに当てようとする「救国儲金運動」＊96が実施されはじめた。そして間もなく、救国儲金運動が北京や上海周辺のみではなく、全国的な規模に広がったのである。四月二七日、奉天巡按使張元奇は、北京政府に対し、満州地域で広がりつつある儲金運動について、中央政府からの指示を求めたところ＊97、北京政府は、これら民衆による儲金運動は愛国行為である以上、政府としてはそれを後援すべきだという返電を与えたのである＊98。つまり、北京政府は、このような運動を歓迎、もしくは奨励していたと思われる。

四月下旬に入っても、二一か条交渉会議では、未決着の問題について進捗は全く見られなかった。いっぽう、日本では対中国政策の不統一や各勢力の対立（元老と内閣の意見の不一致、与野党の対立、同志会内部の幹部派と非幹部の対立など）＊99の原因もあって、四月末頃になると、加藤外交を批判する声が高まった。やがて大隈内閣は、早期に要求を受諾させるために、最後通牒を提出することを閣議で決定するに至った。

しかし、日本の最後通牒の提出は、袁と北京政府にとって、好都合なものとなった。というのは、最後通牒によって、交渉が終わることは、日本の強圧的な外交姿勢に責任を負わせることにより、袁と北京政府が交渉を受諾したことについての非難を免れることになるだけではなく、各地方勢力を政府の下に結束させるための機会が与えられたことを意味したからである。五月七日、日本の最後通牒発出は、中国の人心をいよいよ激昂させた。その日、北京政府は各省将軍、巡按使宛に、日本から最後通牒が提出されたことを伝達し＊100、五月九日、日本の要求を受諾した後、すぐにその報を各省将軍、巡按使に伝えたのである＊101。

この中央政府の通報伝達に応えて、奉天巡按使（張元奇）将軍（張錫鑾）＊102、福建巡按使（許世英）＊103、貴州巡按使（龍建章）護軍使（劉顕世）＊104、広西巡按使（張鳴岐）将軍（陸栄廷）＊105、江西巡按使（戚揚）将軍（李純）＊106、浙江巡按使（屈映光）将軍（朱瑞）＊107らは、それぞれ北京政府に返電し、今回の二一か条交渉において、政府の外交努力を支持し、袁大総統と北京政府の下で、今回の「外交屈辱」を力に変え、国難を乗越えて国を興して行こうという考えを伝えたのである。

五月一四日、袁と北京政府は大総統密諭を発し、全官僚に対して「日ニ亡国滅種ノ四字ヲ以テ之ヲ心目ニ懸ケ、天良ヲ激発シ、私見ヲ屏除シ、各職守ヲ尽シ、協力功程、国官ハ僚交ヲナシ相勗勉セヨ、苟モ国ニ利ナレハ死生ヲ以テセヨ」と訓示した＊108。これを受けて倪嗣冲（安徽督軍）は中央政府に対し「発奮して向上を図る」と誓い、地方を振興するための具体策を上陳した＊109、以上のように地方の将軍や政府官たちは、袁の訓示を受け入れ、日本に対抗し袁への支持を固めたのであった。

小括

二一か条交渉において、日本は、日中両国間の外交交渉の枠組みを通じて、問題解決をしようとした。これに対して中国側は、世論や列強の力を借りて日本を牽制し、日中両国間外交交渉の枠組みから脱して、日中関係を極東における国際問題ないし列強間の利権競争問題へ持って行くことを狙った。この中国側の日本に対抗する動きは、二一か条要求交渉が始められてからではなく、むしろ第一次世界大戦勃発直後からすでに行われ始められていたものである。

北京政府は二一か条交渉外交において、まず袁大総統の意見指示に従い、①交渉会議開始の時期を駆引きすること、②全体の討議を避け逐条討議すること、③「第五号」は交渉に応じないことという基本方針を定め、交渉開始の時期な交渉体制を作ろうとしていた。
を遷延しようとした。また、交渉にふさわしい人物を外交総長に据えて、交渉開始の初段階において出来るだけ有利な交渉体制を作ろうとしていた。

先行研究がすでに指摘しているように、日本は列強諸国に対し、対華交渉要求内容（第五号を除いて）を内示したところ、列強からは当初異議や反対意見がなかったが、袁と北京政府は「第五号の秘匿」を掴み、効果的な外交策略を展開していった。その結果、日本は列強に対し、「第五号」についての内示および説明をせざるを得なくなった。そして、このような事態によって、日本は英・米国から猜疑を持たれ、「第五号」のみならず、二一か条要求全体に対して第三国の注意が向けられてくる。

このように、北京政府は終始、国内外の新聞世論を操縦するのと同時に、列強間利害関係を利用して、外交策略を展開していた。そして結果として、袁と北京政府は、このような外交略策によって、第一次世界大戦期という特殊な極東情勢下に置かれたにもかかわらず、圧倒的強国である日本に対抗できたのである。

袁と北京政府は、交渉に臨んだ日置公使の強硬的な態度と日本の増兵という強圧に直面し、困難な立場に立ったが、この事態に列強の積極的介入を引き出そうとした。その結果、英・米両国は、日本の対華二一か条要求交渉への不信と反対を深めた。

いっぽう、中国内政との関係では、一九一五年頃の北京政府には、第一に国家の統一を保ち、国内情勢を安定させること、第二に中央政府として地方政府に対する実効支配能力を向上させること、という内政課題があった。四月に中国各地で反日運動が沸騰したが、袁と北京政府は、日本の二一か条要求交渉外交によって与えられた特有の政治環境を活かして、内乱を徹底的に収めていくと同時に、地方に対する中央政府としての支配能力を強化していった。そして日本の最後通牒の提出は、袁と北京政府にとっては、各地方勢力を政府の下に結束させるための絶好の機会であった。五月七日、袁と北京政府は、各省将軍、巡按使宛に、日本から最後通牒が提出されたことを伝達し、五月九日に日本の要求を受諾した後、すぐにその報を各省将軍、巡按使に伝えた。この中央政府の通報伝達に応えて、各地方将軍はそれぞれ北京政府に返電し、政府の外交政策の努力を支持し、袁大総統と北京政府の下で、今回の「外交屈辱」を力に変え、国難を乗り越えて、国を興して行こうと伝えたのである。

このように、本章では、袁と北京政府は「二一か条要求交渉外交」を、地方に対する中央政府としての正当性調達資源にすることによって、国内情勢の安定、地方政府に対する実効支配能力の向上を図って行こうとしていたことを提示した。その結果として、北京政府は各地方政治勢力からの支持を得られ、国内における中央政府としての政治基盤が強化でき、中央集権制の完成に大きく近づいたのである。

さらに、二一か条交渉をきっかけに、いわゆる「救国儲金運動」が中国全国各地域に広がっていった。やがて、五四運動が起こり、中国人のナショナリズムが高揚していくのも、袁が二一か条交渉の機会を利用して、反日世論を高め、いっぽう自分の政権を確固たるものにしていくという動きをふまえたものであろう。そして、このように形成された中国人のナショナリズムそのものは、二〇年代から三〇年代へ浸透していき、その後の日中関係に多大な影響を及ぼすことになる。これについて、結論と付論で述べよう。

＊注

1「二一か条要求」に関して、古典的研究として、堀川武夫『極東国際政治史序説—二十一箇条の研究』（有斐閣、一九五八年）が挙げられる。要求提出する日本側の背景や加藤高明外相の対応を言及したものは、長岡新次郎「対華二一か条要求条項の決定とその背景」（『日本歴史』第一四四号、一九六一年）、島田洋一「対華二一か条要求—加藤高明の外交指導」（『政治経済史学』第二五九号〜第二六〇号、一九八七年）などがある。二一か条要求をめぐる日本と列国間関係の視点で捉えたものは、細谷千博『両大戦下の日本外交』（岩波書店、一九八八年）、三宅正樹「二一か条要求をめぐる日露関係」（『歴史教育』第一六巻第三号、一九六八年）、北岡伸一「二一か条再考—日米外交の相互作用」（近代日本研究会編『近代日本研究（七）日本外交の危機認識』山川出版社、一九八五年）などがある。また第五号の秘匿をめぐる中国側の対応とイギリスの反応との相互関係を整理したものは、奈良岡聰智「加藤高明と二一か条要求—第五号をめぐって」（中西寛・小林道彦編著『歴史の桎梏を越えて—二〇世紀日中関係への新視点—』千倉書房、二〇一〇年）がある。

2 川島真「東アジア国際政治史—中国をめぐる国際政治史と中国外交史—」（日本国際政治学会編『日本の国際政治学第四巻—歴史の中の国際政治』有斐閣、二〇〇九年、七七頁）。

3 張憲文主編『中華民国史綱』（河南人民出版社、一九八五年）八一頁。中国社会科学院近代史研究所・中華民国史研究室編『中華民国史』（第二巻下、中華書局、二〇一一年）五一二頁。

4 張玉法『中華民国史稿』（聯経出版社 、一九九八年）九五〜九六頁。

5 川島真『中国近代外交の形成』（名古屋大学出版会、二〇〇四年）二四九頁。

6 史実関係については、李新編『中華民国大事記』（第一冊、中国文史出版社、一九九六年、二九四〜三二四頁、一九一三年一〇月一日の条〜一九一四年五月一日の条）を参考にした。

7 シーメンス事件をめぐる政治過程については、山本四郎『山本内閣の基礎的研究』（京都女子大学、一九八二年）一八二〜二〇七頁の記述が詳しい。

8 山本四郎「第二次大隈内閣の成立」（『神戸女子大学紀要』第二〇巻第一号、一九八七年）二〜一〇頁を参考にした。

9 小林道彦「世界大戦と大陸政策の変容—一九一四〜一九一六—」（『歴史学研究』第六五六号、一九九四年、一頁）。

10 同右。

11 井上馨侯伝記編纂会編『世外井上公伝』（第五巻、内外書籍、一九三四年）三六七頁。

12 北岡伸一『日本陸軍と大陸政策—一九〇六〜一九一八—』（東京大学出版会、一九七八年）一六三頁。

13 櫻井良樹『辛亥革命と日本の政治変動』（岩波書店、二〇〇九年）一六頁。

14 「寿栄擬呈袁世凱中国在欧戦中対英米日徳之弁法及理由書（一九一四年八月）」（天津歴史博物館藏、北洋軍閥史料編委会編『北洋軍閥史料・袁世凱巻二』天津古籍出版社、一九九二年、以下『袁世凱巻二』と略記、一〇一五~一〇二一頁)。

15 「芮恩施（Paul S.Reinsch）宣布中日外交秘密」（中国第二歴史档案館編『中華民国史史料長編』第五巻、南京大学出版社、一九九三年、七九頁）。

16 「牧野外務大臣より加藤外務大臣への引継文書」（『国際政治』第六号、一九五八年、一四四頁）。

17 伊藤正徳編『加藤高明』（下巻、大空社、一九九五年）一三三~一三五頁。

18 同右、一三八~一三九頁。

19 前掲、長岡新次郎「対華二一か条要求条項の決定とその背景」、八〇頁。前掲、北岡伸一「大戦期における大陸政策と陸軍」一七〇頁。千葉功『旧外交の形成―一九〇〇~一九一九―』（勁草書房、二〇〇八年）二九四頁。

20 臼井勝美『日本と中国―大正時代』（原書房、一九七二年）六一頁。

21 一九一五年一月一九日、在中国日置公使ヨリ加藤外務大臣宛電報「一月一八日大総統ニ我提案ヲ手交済ノ件」（外務省編『日本外交文書』大正四年、第三冊上、一九六八年、以下『外文』四―三―上と略記、一一三頁）。

22 同右、一一四頁。

23 曹汝霖著、曹汝霖回想録刊行会編訳『一生之回憶』（鹿島研究所出版会、一九六七年）七一頁。

24 「対華二一か条要求」の日本語文は「一九一五年一二月三日、対華要求に関する加藤外相訓令」（外務省編『日本外交年表竝主要文書』三八一~三八四頁）より参照した。なお、袁世凱に提出された覚書は漢文で書かれたもので、原史料が現在天津歴史博物館に保存されている。内容は以下の通りである。

第一号　日本国政府及支那国政府ハ偏ニ極東ニ於ケル全局ノ平和ヲ維持シ、且両国ノ間ニ存スル友好善隣ノ関係ヲ益々鞏固ナラシメンコトヲ希望シ、ココニ左ノ条款ヲ締結セリ。

第一条　支那国政府ハ独逸国カ山東省ニ関シ条約其他ニ依リ支那国ニ対シテ有スル一切ノ権利譲与等ノ処分ニ付、日本国政府カ独逸国政府ト協定スヘキ一切ノ事項ヲ承認スヘキコトヲ約ス。

第二条　支那国政府ハ山東省内若クハ其沿海一帯ノ地又ハ島嶼ヲ何等ノ名義ヲ以テスルに拘ハラス、他国ニ譲与シ又ハ貸与セサルヘキコトヲ約ス。
第三条　支那国政府ハ芝罘又ハ龍口ト膠州湾カラ済南ニ至ル鉄道トヲ聯絡スヘキ鉄道ノ敷設ヲ日本国ニ允許ス。
第四条　支那国政府ハ成ルヘク速ニ外国人ノ居住及貿易ノ為自ラ進テ山東省ニ於ケル主要都市ヲ開クコトヲ約ス、其地点ハ別ニ協定スヘシ。
第二号　日本国政府及支那国政府ハ支那国政府カ南満州及東部内蒙古ニ於ケル日本国ノ優越ナル地位ヲ承認スルニ依リ、ココニ左ノ条款ヲ締結セリ。
第一条　両締約国ハ旅順大連租借期限並南満州及安奉両鉄道各期限ヲ何レモ更ニ九十九カ年ツツ延長スヘキコトヲ約ス。
第二条　日本国臣民ハ南満州及東部内蒙古ニ於テ、各種商工業上ノ建物ノ建設又ハ耕作ノ為必要ナル土地ノ賃借権、又ハ其所有権ヲ取得スルコトヲ得。
第三条　日本国臣民ハ南満州及東部内蒙古ニ於テ、自由ニ居住往来シ各種ノ商工業及其他ノ業務ニ従事スルコトヲ得。
第四条　支那国政府ハ南満州及東部内蒙古ニ於ケル鉱山ノ採掘権ヲ日本国臣民ニ許与ス、其採掘スヘキ鉱山ハ別ニ協定スヘシ。
第五条　支那国政府ハ左ノ事項ニ関シテハ予メ日本国政府ノ同意ヲ経ヘキコトヲ承諾ス。
（一）南満州及東内蒙古ニ於テ他国人ニ鉄道敷設権ヲ与ヘ又ハ鉄道敷設ノ為ニ他国人ヨリ資金ノ供給ヲ仰グコト。
（二）南満州及東部内蒙古ニ於ケル諸税ヲ担保トシテ他国ヨリ借款ヲ起サスコト。
第六条　支那国政府ハ南満州及東部内蒙古ニ於ケル政治財政軍事ニ関シ顧問教官ヲ要スル場合ニハ必ス先ニ日本国ニ協議スヘキコトヲ約ス。
第七条　支那国政府ハ本条約締結ノ日ヨリ九十九カ年間日本国ノ吉長鉄道ノ管理経営ヲ委任ス。
第三号　日本国政府及支那国政府ハ日本国資本家ト漢冶萍公司トノ間ニ存スル密接ナル関係ニ顧ミ、且両国共通ノ利益ヲ増進センガ為左ノ条款ヲ締結セリ。
第一条　両締約国ハ将来適当ノ時機ニ於テ、漢冶萍公司ヲ両国ノ合弁トナスコト、並支那国政府ハ日本国政府ノ同意ナクシテ、同公司ニ属スル一切ノ権利財産ヲ自ラ処分シ又ハ同公司ヲシテ処分セシメザルコトヲ約ス。

第二条　支那国政府ハ漢冶萍公司ニ属スル諸鉱山付近ニ於ケル鉱山ニ付テハ同公司ノ承諾ナクシテハ之カ採掘ヲ同公司以外ノモノニ許可セザルヘキコト、並其他直接間接同公司ニ影響ヲ及ホスヘキ虞アル措置ヲ執ラントスル場合ニハ先ス同公司ノ同意ヲ経ヘキコトヲ約ス。

第四号　日本国政府及支那国政府ハ支那国領土保全ノ目的ヲ確保センカ為、ココニ左ノ条款ヲ締結セリ。

支那国政府ハ支那国沿岸ノ港湾及島嶼ヲ他国ニ譲与シ若クハ貸与セサルヘキコトヲ約ス。

第五号

第一条　中央政府ニ政治財政及軍事顧問トシテ有力ナル日本人ヲ傭聘セシムルコト。

第二条　支那内地ニ於ケル日本ノ病院寺院及学校ニ対シテハ其土地所有権ヲ認ムルコト。

第三条　従来日支間ニ警察事故ノ発生ヲ見ルコト多ク、不快ナル論争ヲ醸シタルコトモ少カラサルニ付、此際必要ノ地方ニ於ケル警察ヲ日支合同トシ、又ハ此等地方ニ於ケル支那警察官庁ニ多数ノ日本人ヲ傭聘セシメ、以テ一面支那警察機関ノ刷新確立ヲ図ルニ資スルコト。

第四条　日本ヨリ一定ノ数量（例ヘバ支那政府所要兵器ノ半数）以上ノ兵器ノ供給ヲ仰ギ、又ハ支那ニ日支合弁ノ兵器廠ヲ設立シ、日本ヨリ技師及材料ノ供給ヲ仰グコト。

第五条　武昌ト九江南昌線トヲ聯絡スル鉄道及南昌杭州間、南昌潮州間鉄道敷設権ヲ日本ニ許与スルコト。

第六条　福建省ニ於ケル鉄道鉱山港湾ノ設備（造船所ヲ含ム）ニ関シ外国資本ヲ要スル場合ニハ、先ス日本ニ協議スヘキコト。

第七条　支那ニ於ケル本邦人ノ布教権ヲ認ムルコト。

25　兪辛焞『辛亥革命期の中日外交史研究』（東方書店、二〇〇二年、五八七頁）より参照。なお、二一か条要求の条項内容について詳しく分析した研究としては、前掲、臼井勝美『日本と中国―大正時代』六四～七八頁。前掲、堀川武夫『極東国際政治史序説―二十一箇条の研究』九四～一五四頁が挙げられる。

26　「此項応俟大会解決後再議、如必欲提前亦可免従」（『袁世凱巻二』二八七頁）。

27　「無此認向分為両事」（『袁世凱巻二』二九三頁）。

28「與俄原定期無九十九年之久、展期至多照原定之期不能超越」(『袁世凱巻二』二九四頁)。

29「漫無限制各国援引尤不可行」(『袁世凱巻二』二九六頁)。

30「独立之国不能承認」(『袁世凱巻二』三〇九頁)。

31「握我政権」(『袁世凱巻二』三一一頁)。

32「各条内多有干渉内政侵犯主権之処実難開議」(『袁世凱巻二』三一七～三一八頁)。
33 前掲、曹汝霖『一生之回憶』七一頁。
34 一九一五年一月二〇日、在中国日置公使ヨリ加藤外務大臣宛電報「我提案ニ関シ袁大総統憤慨ノ口吻ヲ坂西大佐ニ洩ラシ曹汝霖亦憤慨ノ件」(『外文』四―三―上、一一五頁)。
35『申報』一九一五年一月二二日。
36 前掲、曹汝霖『一生之回憶』七三頁。
37 一九一五年一月二五日、在中国日置公使ヨリ加藤外務大臣宛電報「袁大総統ニ手交ノ我提案受領ノ旨曹汝霖来訪挨拶ノ件」(『外文』四―三―上、一二二頁)。
38 一九一五年一月二六日、加藤外務大臣ヨリ在中国日置公使宛電報「提案交渉ハ連日商議ノコトト致度旨中国側ニ申入方訓令ノ件」(『外文』四―三―上、一二三頁)。
39 一九一五年一月二七日、在中国日置公使ヨリ加藤外務大臣宛電報「我提案連日商議方ニ関シ曹汝霖ニ申入ノ件」『外文』四―三―上、一二三頁)。
40 前掲、曹汝霖『一生之回憶』七四頁。
41「大総統策令」(『政府公報』第七一二号、一九一五年一月二八日)。
42 前掲、川島真『中国近代外交の形成』九四頁。
43 何茂春・師暁霞編『中国歴代外交家』(中国経済出版社、一九九三年)二〇二頁。
44 劉寿林編『民国職官年表』(中華書局、一九九五年)一八頁。

45 陸徴祥の履歴については、石源華『中華民国外交史辞典』(上海古籍出版社、一九九六年、三五九頁)を参照した。
46 「一九一五年二月三日、総長與日置使第一次会議問答」(中央研究院近代史研究所編『中国近代史資料彙編中日関係史料—二十一条交渉』(中央研究院近代史研究所、一九八五年、以下「中日関係史料—二十一条交渉」と略記、一〇頁)。
47 「一九一五年二月三日、総長陸徴祥與日置使第一次会議問答」(「中日関係史料—二十一条交渉」、一七頁)。
48 同右、一八頁。
49 「一九一五年二月五日、総長陸徴祥與日置使第二次会議問答」(「中日関係史料—二十一条交渉」、二三頁)。
50 同右、二四〜二五頁)。
51 同右、二六頁。
52 同右。
53 同右、二七頁。
54 同右、二八頁。
55 前掲、北岡伸一「二十一か条再考—日米外交の相互作用」一三九頁。前掲、千葉功『旧外交の形成』二九八頁。
56 一九一五年一月八日、加藤外務大臣ヨリ在英国井上大使宛電報「日中交渉開始ニ関シ商議内容ヲ英国外務大臣内密伝達方訓令ノ件」(『外文』四—三—上、五三七〜五三九頁)。
57 一九一五年一月二二日、在英国井上大使ヨリ加藤外務大臣宛電報「対支提案内容ヲ英国外務大臣ニ内告ノ件」(『外文』四—三—上、五四一〜五四二頁)。
58 一九一五年一月二五日、加藤外務大臣在本邦英国大使会談「日置公使ヨリ袁大総統ニ我要求提出ノ事情談話並右要求条項ニ付英国大使意見開陳ノ件」(『外文』四—三—上、五四三〜五四四頁)。
59 一九一五年二月五日、加藤外務大臣在本邦仏国大使会談(『外文』四—三—上、五五〇頁)。一九一五年二月五日、加藤外務大臣在本邦露国大使会談(同右、五五二頁)。
60 一九一五年二月八日、在米国珍田大使ヨリ加藤外務大臣宛電報「対支交渉綱領英文箇条書ヲ国務長官ニ手交ノ旨報告ノ件」(『外文』四―三―上、五五七頁）。
61　一九一五年二月一一日、在米国珍田大使ヨリ加藤外務大臣宛電報「対支交渉綱領内告ノ件」（『外文』四―三―上、五五八頁）。
62　一九一五年二月九日、加藤外務大臣在本邦米国大使会談「対支要求要領ヲ米国大使ニ手交及右ニ付説明ノ件」（『外文』四―三―上、五六〇頁）。
63　一九一五年二月一日、中日交渉宜延緩不可与開議条文内容由（大総統府機要局）「日本此次提出各条款意甚堅決、所可磋商者、其中僅有某某等条無関緊要之数処、其列入時、本為予備磋商時作表面上之退歩、実無取得必要之思想」（中央研究院近代史研究所档案館所蔵北洋政府外交部档案 03-33-084-02-001）。
64　中国社会科学院近代史研究所編『北洋軍閥―一九一二～一九一八―』（第二巻、武漢出版社、一九九〇年）八五八頁。
65　陸宗輿『五十自述記』（一九二五年、北京図書館分館蔵、伝 50-89.02）。
66　一九一五年二月一〇日、加藤外務大臣在本邦英国大使会談「我対支第五号希望条項ニ関シ談話ノ件」（『外文』四―三―上、五六一頁）。
67　前掲、細谷千博『両大戦下の日本外交』二一一頁。
68　一九一五年二月二〇日、加藤外務大臣在本邦米国大使会談「国務省ヨリノ覚書ニ関シ其誤謬指摘及詳細説明ノ件」（『外文』四―三―上、五七七頁）。
69　一九一五年二月二〇日、加藤外務大臣ヨリ在米国珍田大使宛電報「在本邦米国大使トノ会談要領通報並我対支希望条項ヲ国務長官ニ内報方ニ付指示ノ件」（『外文』四―三―上、五八一～五八二頁）。
70　一九一五年三月一五日、在米国珍田大使ヨリ加藤外務大臣宛電報「我対支要求ニ関シ米国政府ノ見解ヲ開陳セル三月一三日付同政府ノ公文要旨報告ノ件」（『外文』四―三―上、六一三～六一四頁）。「一九一五年三月一三日、日華交渉ニ対スル米国覚書」（前掲、『日本外交年表竝主要文書』（英文）三八五～三九四頁、（和文）三九五～四〇〇頁）。
71　一九一五年三月二一日、収奉天巡按使張元奇電一件（「中日関係史料―二十一条交渉」、一七〇頁）。
72　一九一五年三月二五日、収統率弁事処函一件（「中日関係史料―二十一条交渉」、一七六頁）。

73 「一九一五年三月九日、総長陸徴祥與日置使第八次会議問答」（「中日関係史料―二十一条交渉」、一三六〜一四五頁）。一九一五年三月一〇日、在中国日置公使ヨリ加藤外務大臣宛電報「第八回談判ニ於テ第二号各条議了ノ経過報告及請訓の件」（『外文』四―三―上、二二三〜二二五頁）。

74 一九一五年三月一四日、在中国日置公使ヨリ加藤外務大臣宛電報「第一〇回談判ニ於テ第二号各条ニ付前回ニ引続キ商議ノ模様報告及請訓の件」（『外文』四―三―上、二二四〜二二五頁）。

75 「一九一五年三月一四日、外交部致駐英公使施肇基電」（中国第二歴史档案館編『中華民国史档案資料匯編第三輯・外交』江蘇古籍出版社、一九九一年、五六八頁、以下『民国档案』三―外交と略記）。

76 一九一五年四月一四日、在中国日置公使ヨリ加藤外務大臣宛電報「第二二回談判ニ於テ南支鉄道ヲ討議シタルニ付其ノ経過及提案第五号ニ対スル中国側ノ態度ニ関シ報告ノ件」（『外文』四―三―上、三二二頁）。

77 前掲、細谷千博『両大戦下の日本外交』三〇頁。

78 「英国駐華商人総会関於威脅中国政府簽訂二十一条提出疑義致英国外交部書訳文」（『民国档案』三―外交、五七五〜五七七頁）。

79 「一九一五年四月一二日、外交部致駐英使館電」（『民国档案』三―外交、五六九頁）。

80 前掲、北岡伸一「二十一か条再考―日米外交の相互作用」、一四四頁。

81 同右、一四五頁。

82 前掲、細谷千博『両大戦下の日本外交』三六頁。前掲、堀川武夫『極東国際政治史序説―二十一箇条の研究』三〇〇頁。

83 「趙倜報告鎮圧河南仁義会起事情形文電」、「張広建等報告甘粛環縣知忠義軍起事及剿弁経過電」（中国第二歴史档案館編『中華民国史档案資料匯編第三輯・政治』江蘇古籍出版社、一九九一年、九八八〜一〇〇二頁）。

84 顧維鈞著、中国社会科学院近代史研究所訳『顧維鈞回憶録』（第一冊、中華書局、一九八二年）一二三頁。前掲、曹汝霖『一生之回憶』七九頁。

85 一九一五年二月一日、在中国日置公使ヨリ加藤外務大臣宛電報「北京英漢新聞ノ日中交渉ニ関スル論難ニ付報告並中国側取締ニ関シ警告ノ件」（『外文』四―三―上、一二五頁）。

86　一九一五年二月一三日、収安徽進歩党、省教育会、商会電一件（「中日関係史料―二十一条交渉」、三九頁）。
87　一九一五年二月一七日、収上海洋貨商業公会電一件（「中日関係史料―二十一条交渉」、四二頁）。
88　一九一五年二月二二日、収浙江紳民電一件（「中日関係史料―二十一条交渉」、五五頁）。一九一五年二月二八日、収浙江寧波商務総会等電一件（「中日関係史料―二十一条交渉」、九一頁）。
89　一九一五年一月二九日、在上海有吉総領事ヨリ加藤外務大臣宛電報「我対中国要求条件ニ関スル風説新聞紙上ニ出現並袁世凱ノ馮ニ対スル電報ニ関シ報告ノ件」（『外文』四―三―上、一二三頁）。
90　公孫訇編『馮国璋年譜』（河北人民出版社、一九八九年）四一頁、一九一五年二月一日の条。
91　「一九一五年三月三〇日、大総統申令」（前掲、『中華民国史档案資料匯編第三輯・政治』三三一～三三四頁）。
92　一九一五年三月二六日、在中国日置公使ヨリ加藤外務大臣宛電報「大総統申令ヲ以テ排日運動禁止ニ関スル訓令ヲ各地方官ニ下セル旨報告ノ件」（『外文』四―三―上、二六二頁）。
93　一九一五年三月二九日、収上海特派員楊晟電一件（「中日関係史料―二十一条交渉」、一八四頁）。
94　一九一五年三月三一日、収広東龍（済光）上将軍電一件（「中日関係史料―二十一条交渉」、一九二頁）。
95　「外交総長陸徴祥給特派奉天交渉員田潜飭（一九一五年四月六日）」（遼寧省档案館編『奉系軍閥档案史料彙編二』江蘇古籍出版社、一九九〇年、三〇〇～三〇一頁）。
96　「救国儲金運動」についての研究は、賀俊傑「民国初年救国儲金概論」（張憲文編『民国研究』総第一五号、社会科学出版社、二〇〇九年）が挙げられる。
97　一九一五年四月二六日、収奉天巡按使張元奇電一件（「中日関係史料―二十一条交渉」、二五二頁）。
98　一九一五年四月二七日、発奉天巡按使張元奇電一件（「中日関係史料―二十一条交渉」、二五八頁）。
99　同志会内部の幹部派と非幹部の対立について、櫻井良樹「立憲同志会における対外政策問題」（前掲、櫻井良樹『辛亥革命と日本の政治変動』二六五～三〇四頁）の記述が詳しい。
100　一九一五年五月七日、発各省将軍巡按使電一件（「中日関係史料―二十一条交渉」、二八二頁）。

101　一九一五年五月九日、発各省将軍巡按使電一件（「中日関係史料―二十一条交渉」、二九一頁）。
102　一九一五年五月九日、収奉天巡按使張元奇将軍張錫鑾電一件（「中日関係史料―二十一条交渉」、二九六頁）。
103　一九一五年五月九日、収福建巡按使許世英電一件（「中日関係史料―二十一条交渉」、二九六頁）。
104　一九一五年五月一〇日、収貴州巡按使龍建章護軍使劉顕世電一件（「中日関係史料―二十一条交渉」、三〇一頁）
105　一九一五年五月一一日、収広西巡按使張鳴岐将軍陸栄廷電一件（「中日関係史料―二十一条交渉」、三〇五頁）。
106　一九一五年五月一一日、収江西巡按使戚揚将軍李純電一件（「中日関係史料―二十一条交渉」、三〇五頁）。
107　一九一五年五月一五日、収浙江巡按使屈映光将軍朱瑞電一件（「中日関係史料―二十一条交渉」、三一二～三一三頁）。
108　一九一五年五月一四日、在中国日置公使ヨリ加藤外務大臣宛電報「中国沿岸島嶼不割譲ニ関スル大総統令原文送付の件―（付属書）五月一四日付中国大総統ノ密諭和訳文」（『外文』四―三―上、四五四～四五六頁）。
109　「為倡農而後興学練兵致徐世昌函（一九一五年五月）」（李良玉・陳雷編『倪嗣冲函電集』中国社会科学文献出版社、二〇一一年、二四四～二四五頁）。

第二章
中国の帝制運動と日中外交

はじめに

一九一五年一月から五月にかけて、袁世凱と北京政府は日本の対華二一か条要求交渉という外交課題に直面していた。しかし、袁と北京政府が、一面では積極に外交策略を展開して国権を最大限に守ろうとし、一面では「二一か条要求交渉外交」を地方政府に対する中央政府としての正当性調達資源にしようとすることによって、国内の情勢の安定、地方政府に対する実効支配能力の向上を図っていた。その結果、袁は各地方政治勢力からの支持を得られ、国内における中央政府としての政治基盤を強化できた。また一九一五年七月、北洋軍が四川の反袁勢力を討伐して平定したことによって、四川省も中央集権体制に組み込まれ、北京政府は一二省に関し行政上の中央集権体制を確立したのである。清王朝が崩壊してわずか四年余りにして、袁世凱は遂に中国政治における権力の頂点に立ったのである。

一九一五年八月、当時北京政府の法律顧問であるアメリカ人グッドナウ（Frank Johnson Goodnow）による「共和と君主論」が発表された。それは、中国が、欧米諸国とは異なりその歴史と現状からして共和制よりも君主制が相応しいと論じたものであった。これに呼応して、八月一四日、楊度、孫毓筠、厳復、劉師培、李燮和、胡瑛が連名で籌安会を発起し、学術研究が目的であると標榜しながらも実際には君主制の復活運動を始めたのである。以後、各省による国体変更に対する請願運動が始まり、これに地方の督軍や実力派からも支持の声が多かったため、中国国内において帝制運動が一気に盛んとなったのである。

さて、本章では、日本側の「外務省記録」と中国側の「外交部档案」等の一次史料に立論の根拠を求め、中国の帝制運動をめぐる日中外交がどのようなものであったかを、明らかにすることを目的としている。その中で、従来の研究＊1は日本の中国への内政干渉という局面だけに注目したのに対し、本章は両国の史料を照らし合わせながら、袁と北京政府の動きにも注目し、中国の帝制運動をめぐってなぜ日中外交交渉が挫折したのかを考察する。

第一節　大隈首相の意見発表と中国側の捉え方

中国の帝制運動の開始の動きについて、九月六日、大隈重信（総理大臣兼外務大臣）は、中国が国体変更を実現し、若くはその実現が日本の利害に「影響ヲ及ボサザルニ於テハ何等干渉スヘキニアラズ」というように、原則的には不干渉の方針を現地駐在外交官に訓電した。同電報の中で、大隈は、中国の君主制復活は今日の形勢からすれば必然的である、由来中国は数千年来の君主国であり四年前において清朝を倒して一挙に共和制の実現を見るに至ったのはむしろ奇跡である、しかも革命以来の政治的状態に徴すれば、今日の共和政治をもって将来において国内統一の実を挙げ、国運の進展を図ることは不可能であると指摘した。さらに「袁世凱ニシテ皇帝トナルモ国内統治ノ実力手腕ヲ有スルニ於テハ敢テ国民ノ反対」はないだろうと述べた＊2。

ところで、九月二四日、陸宗輿（駐日公使）は袁と北京政府宛てに、「昨晩大隈総理の催した晩餐会に参加した際、大隈に対し袁大総統が日中提携を念願していると伝えたところ、大隈は日本は袁大総統のことを必ず応援すると語った」＊3と打電した。この大隈の親善的なメッセージを受けて、九月二六日、北京政府外交部は陸に対して、「帝制の実行問題について、先に大隈の意見を求めよ、大隈の事前了承を得れば、後の事を進めやすくなるだろう」＊4と指示した。一〇月二日、袁は、イギリスのジョルダン（John N. Jordan）公使との会談の中で、「大隈が我が公使に対し、国体変更のことに関して、我を助力すると約諾したことからすれば、日本が干渉してくることはないだろう」＊5と語ったのである。

以上のように、中国の帝制移行の動きについて、大隈首相は原則的には不干渉の方針を示し、且つ中国には帝制が望ましく袁世凱が皇帝になれるという意見を伝えた。このような駐日陸公使からの情報により、袁と北京政府は帝制問題に対して、日本から賛成を得られると楽観的な情勢判断をしたと思われる。

第二節　帝制延期勧告の実施について

日本では、一九一五年八月一〇日の内閣改造に伴って、対英協調を重視する加藤高明が外務大臣を辞職し、大隈内閣は閣内におけるもっとも強力なリーダーを失い、内閣の主流は中正会の尾崎行雄と旧国民党系同志会員となった。彼らはいわゆる対外硬派であり、「二一か条要求」に対する袁の抵抗およびその後の排日運動への黙許を不快とし、袁による強力な中央政権の樹立を日本の中国に対する覇権確立への障害と見ていた。そしてこれ以後内閣の中国政策に対する対外強硬運動の影響力が高まっていく＊6。

かくて、一〇月一四日、大隈内閣は、五閣僚（尾崎行雄司法相・箕浦勝人逓信相・河野広中農商相・武富時敏蔵相・高田早苗文相）からの提議を容れ（山県系の一木喜徳郎内相を除く賛成多数によって）、中国の帝制実施延期勧告を閣議決定した。その際、尾崎の回想によると、彼が閣議で帝制反対を慫慂したところ、幣原喜重郎（一〇月二九日外務次官就任）

が発言を避けたのに対し、小池張造（政務局長）が積極的に応じたという*7。小池は対華二一か条要求の原案をまとめた張本人であり、かねてから袁政権に怨念を持ち、いわば外務省内の対外強硬論者であった。この時期、彼が外務省の対外政策の実務を担当していたことによって、外務省の対中強硬の方向へ政策転換が進んだと考えられる。

一〇月一三日、石井菊次郎（駐仏大使）が外相に就任した。外相就任直後、石井は原敬（立憲政友会総裁）に対し「内政の為め外交を利用する事は絶対に避けた」いと語った*8ことから、石井の考えは対外強硬派メンバーと一線を画するものだったと思われる。

さて、大隈内閣の閣議決定を受けて、石井は一〇月一五日に井上駐英大使に対し、中国における帝制運動をめぐる不安の状況について①国務卿徐世昌は帝制反対の故により、病気を理由に自邸に引き籠っている、②副総統黎元洪が反対の中心となることはもはや公然の秘密となっている、③財政総長周学熙や外交総長陸徴祥らが反対意向を漏らしている、④先般辞職した元陸軍総長段祺瑞暗殺未遂の噂や宣統帝の身上危険があるという風説が流れている、⑤一〇月一〇日の共和記念閲兵式が中止となったのは、北京に革命党が入り込み袁世凱暗殺の企てが発覚したためである、⑥南方一般特に上海方面に反袁の気運があり、馮国璋に強固なる反対の意向がある、⑦最近陝西省、四川省の一部において騒乱の兆候や雲南方面において土匪興起の情報がある、と伝えた*9。

石井は、このような中国情勢が不安定になるというような形勢は欧州戦乱に際して、日本にとって憂慮不安に堪えない所であり、英国政府においても「同一ノ懸念ヲ抱カルルニ於テハ此際協同シテ支那政府ニ対シ友誼的勧告ヲ試ン、国体変更ノ計画ヲ一時中止セシメ以テ事ヲ未然ニ防クコト」を希望するというように、井上に対し、中国に対する帝制一時停止勧告について英国の同調を求めるように命じたのである*10。つまり、外務省は、列強と共同で中国に対して帝制一時延期勧告をすることに決め、その実施に向けて動き始めたのである。

しかし、このような外務省本省の動きに対し、中国にいた小幡臨時代理公使は強く反対していた。彼は石井に対し

「概シテ帝制運動ハ何等ノ齟齬ナク順調ニ進行シツツアリト認メラルヽヲ以テ、閣下ニ於テ憂慮セラルルカ如キ動揺ハ尠クモ当方面ノ閲スル限リ又特ニ新タナル原因ノ発生セザル限リ断シテ無之モノト認メラル、傍此際帝国政府ニ於テ干渉ニ類スル行動ヲ執ラルルハ恐ラク其時機ニアラサルヘク、特ニ又現下ノ形勢ニ鑑ミ自然斯ノ如キ措置ヲ執リタルノ消息ガ外間ニ洩ルルカ如キコトアルニ於テハ、甚ダ面白カラサル結果ヲ来スノミト思考セラル」＊11というように中国情勢は安定しているので、干渉によって日本の立場が悪くなると注意を促がした。

一〇月二一日、石井外相は小幡に対し、なぜ日本が勧告を進めるかについて、それは「東亜ノ安危ニ至大ノ関係アル支那帝制実行ノ計画ヲ不問ニ付スルノ威信ニモ関スル」ものだからであると説明した。なお、中国政府に対し注意を与える場合においては「極メテ友誼的懇談的態度ヲ以テ之ニ臨ミ決シテ高圧的形式」を取るべきではなく、万が一中国政府が我方の注意に耳を傾けなかった場合においても、そのことのみを以って「事態武力解決ニ俟タントスルガ如キハ全然帝国政府ノ意思ニ非ス」と説明を加えた＊12。つまり、石井は、中国の帝制問題が中国の内政問題にとどまらず、極東における国際政局に影響を及ぼす問題であると考え、威信にもかかわるので、閣議決定に従い中国に対して延期勧告の実施に向けて進めるが、その際に中国に内政干渉する意思は持っていなかったのである。

さて、一〇月二七日、石井は帝制一時停止勧告の趣旨を下記のように小幡に訓電した＊13。その内容は「我方ノ見ル所ニヨレバ各地ノ実情特ニ上海其他長江筋並南支那地方ノ情勢ハ実ニ憂慮ニ堪エザルモノアリ、（中略）今急遽国体ノ変更ヲ図リ、上記ノ如キ不安ナル情勢ヲ誘起スルハ支那国ノ為甚ダ之ヲ惜マザルヲ得ス、故ニ大総統ニ於テハ大局ニ顧ミ暫ク帝制移行ノ計画ヲ延期セラレ以テ禍ヲ未然ニ防ギ、極東平和ノ基礎ヲ固シムルノ最モ賢明ナル措置ニ出テラレンコト、帝国政府ノ切ニ勧告セントスル所ナリ、申スマデモナク帝国政府ハ決シテ支那内政ニ干渉セントスルモノニアラズ、右勧告ヲナスハ実ニ東洋平和保持ノ衷情ヨリ出テタルニ外ナラサルナリ」というように、訓令した。

そこで、一〇月二八日、小幡は訓令に基づいて、英・仏国公使を同伴して北京政府外交部を訪れ、陸外交総長に対し、帝制一時延期勧告を実施した。その趣旨は、「今ヤ欧州多事ノ際聊カニテモ大局ノ平和ニ悪影響ヲ及ホス虞アル出来事ハ之ヲ避クルコト、致度折柄、支那ノ形勢右ノ如クナルハ帝国ノ最モ懸念不安ニ堪エサル所ナリ。万一支那国内ノ動揺ヲ惹起スルカ如キ事態ニ立至ランカ、友邦タル支那ノ為ニモ誠ニ憂フヘキ所ナルカ、支那政府ニ於テハ果シテ全然何等ノ異変ナク、無事ニ帝制ヲ実現シ得ル心算アル次第ナルヤ。我方ノ見ル所ニ依レハ、各地ノ実情特ニ上海其他長江筋並南支地方ノ情勢ハ実ニ憂慮ニ堪エサルモノアリ。袁大総統ハ就任以来過去四年間ニ漸次支那ノ秩序ヲ恢復セラレタルハ、帝国ノ常ニ慶シテ措カサル所ニ係リ、袁大総統ニシテ依然現状ノ維持ニ努メラレンニハ、何等支那国内ノ動乱ヲ誘起スル如キ虞ナカルヘシ。然ルニ今急遽国体ノ変更ヲ図リ、上記ノ如キ不安ナル情勢ヲ誘起スルハ、支那国ノ為甚タ之ヲ惜マサルヲ得ス。故ニ大総統ニ於テハ大局ニ顧ミ、暫ク帝制実行ノ計画ヲ延期セラレ、以テ禍ヲ未然ニ防キ、極東平和ノ基礎ヲ固フスルノ最モ賢明ナル措置ニ出テラレンコト帝国政府ノ切ニ勧告セントスル所ナリ」*14というものであった。

これに対し、陸外交総長は、「国体変更ノ件事支那ノ内政ニ係リ、而モ右ハ事ヲ民意ニヨリテ決スヘキモノニシテ大総統ニ於テ之ヲ左右シ得ヘキモノニアラス、従テ其実行ヲ早メ又ハ之ヲ遅カラシムル等ノ事ハ、却テ民意ニ待ツヘキモノナク、地方ノ状況ニ付テハ近ク接到シツツアル各省将軍巡按使等ノ電報ニヨレバ、各地トモ極メテ安静ニシテ、毫モ動揺ノ模様ナク、将軍巡按使等ニ於テ十分安寧秩序ヲ維持シ得ヘキ見込ナリ」と国体変更は、民意によることと、国体変更になっても国内秩序が乱れるようなことはないと答え、さらに小幡より「日本は東洋平和維持の目的をもって勧告する」と述べられている点について、中国政府は深く感謝すると同時に、中国政府もまた東洋の平和維持の目的をもって国体変更の議を研究しつつある次第であると、告げたのである*15。当初、大隈からの好意的な反応を得ていた中国の陸外交総長にすれば、なぜ日本に勧告されるのか、訳が分からなかったであろう。

第三節　帝制延期勧告に対する中国側の反応

日本の提案による三国共同帝制延期勧告行動について、中国政府当局関係者たちはどう思っていたのか。一〇月二九日、東京の陸公使は北京政府に対し「日本政府関係者の密告によれば、今回の帝制一時延期勧告において、英国は軽い言葉での勧告ならば承諾するという回答であった。また元老の中、松方は勧告に反対しているが、山県は明確な意見を表明していない」＊16という情報を打電した。

しかし、北京政府は、陸への返電において「大隈は中国の帝制問題に対し不干渉の態度を何回も表明し、さらに援助を保証するなどのことも言っていたのに、今回、中国の国内情勢が不安定だという作り話を理由に突如勧告行動を取ったのは実に中国への内政干渉である。各省において投票がすでに開始され中止できない状況の下、大隈内閣が我々に対して一時延期を勧告するのは、その国内における支持率を高めるために行っているのに過ぎない。英国と露国は帝制延期勧告に対し消極的である。何と言ってもいまさら帝制を延期させるのは無理だ」＊17というように、日本が主導する延期勧告に対する困惑と不満を示した。小幡も、中国当局関係者たちが「日本今回ノ措置ハ国内ニ於ケル政争ノ関係上民心ヲ外ニ転セントノ策略ニ出テタルモノ」だと感じ、日本に対し「深大ナル悪感」を覚えたようである＊18と外務省に伝えた。

一〇月三一日、袁は、各省督軍、巡按使宛に、各地の治安の確保を求めて以下のように訴えた＊19。日本は韓国併合以後、その百年の大計は専ら中国の併合を謀ることにあり、在華利権をめぐって常に列強と争っている。しかし日本の元老達は中国への内政干渉に反対している。例えば大隈首相は、中国には帝制が望ましいと語り、内乱が起きなければ日本は干渉すべきではないと主張している。英・露両国公使からの密告によれば、今回の日本の帝制延期勧告の真意は、中国国内において大きな擾乱さえ起こらなければ自然に実効が無くなるという。また、情報によれば、日本外務省の今回の勧告行動は、元老達の希望に反し一部の大陸浪人たちの論に同調したに過ぎない。我が国内において擾乱が発生しない限り日本が干渉してくる口実はない。そのため、国内の安定を維持することが肝要である。このように日本の干渉を避けるには、中国の国内体制を安定させ続けることが重要であると、袁は地方の有力者に伝えたのである。

ところで、日本の帝制延期勧告提案について、日本国内では野党である政友会総裁の原敬は、「今回支那の帝制を阻止せんとするは内乱の起る虞ありとの口実による（公使等の報告に反して）、斯くせば一面に於て大隈が袁探などと非難せらるゝ事を避くべく、及他面に於て日本の世論が外に向て内地の問題を一掃すべしとの対内政策より生じたるものなり、而して内閣員の見込みにては斯くせば袁は必ず我に懇願し来るべし、其時は有利の条件を付して承認し、其恩を売るべしとの野心なり、固より支那に於て我忠告を拒絶せしときは如何にするやなどの考えありての事にあらず、故に或は何か事件を生ぜずとも限らず」*20というように、大隈内閣が内政問題解決のために外交を利用していると批判した。いっぽう、前外相の加藤高明は日本人の論調に「恰も自国の事を論議するかの如くに、或は袁世凱を以って乱臣賊子となし、或は不義の徒となすもの」のある現状を批判した上で、ただ東洋の治安と日本の利益上から冷徹に打算して対袁関係を処理すればよいと述べた*21。しかし与党の党首として政権批判をすることはできなかったから、加藤は、陸宗輿から日本の延期勧告が北京政府当局にとって大変な困惑になっていると訴えられた時に、陸に対し「中国に同情するが、日本及び各国の勧告が既に発せられた以上は、中国が勧告を完全に無視するわけにはいけない。例えば投票諸手続きが煩雑であることなどを理由にして、少し延期を計ってはどうか」と中国側のメンツが立つようなアドバイスをした*22。この加藤のアドバイスは陸より北京政府に報告されている。

しかし、北京政府は、外国の勧告によって帝制を延期することとなると、国内に反対運動を引き起こし、世論を沸騰させてしまい、状況が一層難しくなるから、政府は国内に対しても国外に対しても慎重に対応しなければならない、これらの実情を非政府関係者を通して日本政府に伝えよと、陸に指示した＊23。つまり、延期ができない理由を日本側に伝え、帝制延期勧告拒否の態度を示したのである。

以上のように、袁と北京政府は、英国と露国は帝制延期勧告に対し消極的であり、日本が積極的に進めようとしていると見て、困惑と不満を覚えた。いっぽう帝制勧告を受けて、袁は各省督軍巡按使に対し「我が国内において擾乱が発生しない限り日本が干渉してくる口実がない」と訴え、その管内の治安の確保を求めた。

第四節　帝制延期勧告の延期の期限問題をめぐって

（1）帝制延期の期限問題と石井外相の「苦悩」

一一月一日、ある宴会の席で小幡は曹汝霖に対し、中国政府は①三国の好意的勧告にもかかわらず国体変更をそのまま進行させる考えなのか、②国体変更を進行させても、動乱などが発生するおそれがないとの確信を有するのか、と問い質したところ、曹は「国体変更問題ハ事態既ニ余リニ進行シ居リ、三国ノ勧告ハ諒トスルモ今更到底中止ノ途ナシニ付、其侭進行セシムル方針ナル旨、並是カ為何等重大ナル動乱ノ発生ヲ見ルコトハ断シテ無之見込ミ」であると答えた＊24。

曹の話を受けて小幡は、石井の訓電に対し「北京政府の現在の立場としては、国体変更に関する国民代表者選挙及びその決議などは殆ど中止の余地ないことをもってこれをこのまま進行させて、実際に帝制の実現ないし国体変更の実行は暫く延期することはやむ得ざる措置」となっていると、報告した＊25。

しかし、石井外相は小幡に対し、重ねて中国政府が「我勧告ヲ容ルル意ナルヤ否ヤ明確ナル回答」を求めてその結果を報告しろと命じた＊26。なぜ石井外相は「明確ナル回答」にこだわったのか。それは、閣議において「尾崎等は再三の警告をなし、各国を誘ふて強硬なる態度を取る事を主張し、否らざれば軍閥の為めに（海陸軍及び山県が警告に不同意なりと云ふに付てならん）内閣を倒さるゝものなりと論じ、石井外相等は此上の警告効力なく、且つ各国の同意を得る事も困難なりと主張して、遂に閣議纏らざるまゝにて京都に赴く事となれり」＊27という原敬の記述より窺われるように、対中政策をめぐって、石井外相が対外硬派の閣僚に圧力をかけられていたからであろう。

いっぽう、この間、陸公使は北京政府に対し、①石井は北京政府外交部が勧告拒絶の態度を取ったことについて不満を持ったこと＊28、②日本外務省が第二次勧告を準備しており、日本の海軍が戦艦二隻を南行させて出兵干渉の動きがあること＊29を、報告した。

一一月四日、小幡は石井の訓令に従い北京政府外交部を訪れ、日本の帝制延期勧告に対する中国側の明確な回答を求めた。日本の強硬な態度に対して、陸外交総長は「中国はすぐには国体変更する意思はなく年内に帝制移行する予定はない」というように曖昧に答えた＊30。また、陸外交総長は東京の陸公使に対し「今回の回答は小幡より日本政府に報告しただろうから、行き違いのないように、同じように日本外務省に伝えよ」＊31と注意をし、政府は「すぐに国体変更する意思がなく、今後においても国民の熱度をみて随時に状況を維持していく考えであって、延期する時期を決めることは政府にはできない。今回日本が本当に対中外交を慎重に考慮しているのであれば、このような中国の立場を理解するはずだ」＊32と、日本の問い合わせに対する不信を伝えた。

一一月六日、陸公使は外務省を訪れ石井に対し「初メヨリ貴国政府ニ対シ非公式ニ帝制進行ノ事情ヲ密告シタルハ格外親睦ニ出テタリ、其当時貴国政府未タ何等ノ意見ヲモ発表セラレズ、今般友誼的勧告ナリタルカ故ニ、本国政府尚慎重考量ヲ加フ、唯帝制速定ト解セラルルハ稍々誤解ニ属ス、各省投票期日（一一月一五日ナリト云フ）皆予定セラレ居リ、之ヲ改ムルハ頗ル困難ナリ、只此間ノ手続余程煩雑ナリ、要スルニ東洋平和維持ニハ支那政府十分至力スヘシ、支那政府ハ急遽国体ヲ変更スルノ意ハ初メヨリナシ現在モ尚此意ナキコトヲ証明ス」＊33と伝達した。つまり、陸は帝制を速行するつもりのないことを示した。

この回答は、無期限の延期を希望していた日本にとっては不満の残るものであった。これを受けて石井は「もし中国が今後数ヶ月の内に帝制を実施することになれば、自分は上に対しても議会に対しても説明をできなくなる」＊34と談じた。ここにも、対中外交政策をめぐって、「苦悩」している石井の姿が窺われる。

（２）帝制延期の期限問題に対する中国側の困惑

一一月中旬に入ると中国国内において、帝制推進派によって帝制への歩みが着々と進められた。全国に配布した票の全数が二〇〇〇票なので、各省の開票の見込みによれば帝制に賛成するのが計一二〇〇票以上、大勢が袁大総統を皇帝に推戴している。なお、各省における投票が予期の通りに進めば、この票数はすでに過半数を占めており＊35、帝制の進行は止めようもない状況にあった。

そのため、袁と北京政府は陸公使に対し「年内には帝制を実施しないこと」というのが正式な回答であり、日本にこれ以上の回答を求められても、これ以上の意見を加えてはいけないと訓示した＊36。

一一月一〇日、北京では、陸外交総長が日本の勧告について小幡代理公使と再び会談を行った。その趣旨は、①中国国内において国体変更を主張するものは日に益々増加し、地方の実力派も多数参加しているため、帝制移行を求める風潮が益々激しくなっている、もし政府が一方的にこれを圧制すれば、単に民意に違反するのみならず、治安を妨害する虞もある、②中国政府が自ら進んで国体変更に賛成すること、或いは急激に措置する意志のないことは明らかである、③中国政府は各省文武官吏に対して地方の秩序を確保できるかどうかを再三電信で問い合わせてきたが、その都度、各省の官吏は皆地方治安の責任を負うと返電してきたので、今や各省は特に多大な注意を払い十分に防犯しているので憂慮すべきことは断じてない、と。つまり、陸総長は国体の変更については①政府は一方的に決められないこと、②急激に進めることがないこと、③地方の治安を確保できることを強調したのである。さらに陸は、中国政府の「東方ノ平和ヲ維持スル」希望は日本政府と同じであり、中国「政府ハ此目的ヲ達スル為全力ヲ尽ス」ので、信じて欲しいと、日本政府の理解を求めた＊37。

一一月一一日、陸外交総長と日英仏露四国公使との会見では、国民投票において立憲君主制賛成票がすでに過半数を超えているが、「国体問題国民ニヨリテ決定セラレタル後ニ尚種々煩雑ナル措置ヲ要スルモノアルコト、並大典施行ニ先タチ万全ノ設備ヲ要スルモノアルコトヲ知得シタルニ付適当ナル時期ヲ選択スルノ要アリ、従ツテ多少ノ延期ヲ必要」＊38とするというように、帝制移行延期の意向を日本以外の国々にも伝えている。

この北京政府外交部の「回答」について、曹汝霖が陸公使に宛てた電報では、日本からの問い合わせに対し、すでに「本年内に実行しないこと」を伝えており、今回さらに「適宜の時期を選んで挙行する」との意を示したのは、政府が政府としての威信を保たなければならないので、勧告によって延期したことを言明できないからであって、この事情について日本政府に釈明するように頼んだ＊39。

いっぽう、北京政府外交部の通告について、小幡は次のように解釈して外務省に伝えた＊40。すなわち、今回の通告で「帝制移行の延期」を言明しなかったのは、中国ならではの体面論に拘泥して「列国ノ勧告ニ聴従シタルノ形」となるのを嫌がっているに過ぎない。また坂西利八郎（北京政府顧問）は、この延期の時期問題をめぐる日中間の外交やり取りを、「形式争ヒ体面争ヒ」＊41と、傍観者の視点から捉えた。

では、なぜ袁と北京政府は正式に帝制延期勧告を受け入れて延期の期限を示すことが出来なかったのか。

それは、①延期勧告を明確に認めれば、内政干渉の悪例を開くことになってしまう、②政府反対者がこれを口実に、国の体面を損なうと唱えて、強硬主戦派がこれに附和することになるだろう、そうなると排外の風潮が盛んとなり、遂に抑えられなくなるおそれがある、という懸念が袁と北京政府にあったからである*42。つまり、袁は、内政の平静を維持する観点から「勧告」を正式に受け入れられないと考えていたのである。

これについて袁は、各省督軍らに対し下記のように説明した。「一一月二日に駐日英仏露三国公使が、日本外務省を訪れ日本側に対し、若し中国が日本の勧告を受け入れなかった場合、日本がどのような行動を取るか確かめたところ、日本としてはただ静観するだけで、全く武力干渉するつもりがないと答えたという。英仏露三国による今回の行動の背景には、日本を牽制する意味合いがあろうかと見られる。また、米国は帝制共同勧告に賛同していない」*43。つまり、袁は、①日本による武力干渉の心配がないこと、②英仏露三国が中国の味方になっていること、③アメリカが共同延期勧告に賛成していないことを督軍らに伝え、帝制勧告に対する列国の動向を示して、督軍らを安心させ政局の安定を図ろうとしたのである。

このような袁の説得に反応して、張勲らが各省の督軍に対し、帝制に賛成して各々管内の治安の確保に尽力するよう呼びかけた*44ことや、陸栄廷（広西督軍）が帝制に賛成し、地方秩序の維持および外国人の生命財産の保護を公約した*45ことなどからすれば、一定の効果があったと言えよう。

以上のように、中国側が日本の帝制延期勧告に対して、「本年内に実行しない」そして「適宜の時期を選んで挙行する」というように明確な回答を避けようとした背後には、国内政局への配慮（＝内政安定の維持）があったのである。

第五節　英仏露三国による中国の対独断交問題との関係をめぐって

（1）英仏露三国による中国への対独国交断絶勧告問題について

一九一五年一〇月中旬の時点では、参謀本部（田中義一）は「適当ノ時機ニ帝制ヲ承認シ、尚ホ之ヲ援助スル意味ヲ以テ我権内ニアル革命党及之ニ附随スル人物ヲ厳重ニ取締」＊46まるべきだとしており、一〇月一四日の閣議で決定された帝制延期勧告に反対であったと考えられる。また上述第二節のように、中国にいた小幡は帝制延期勧告に反対し、帝制運動に「干渉すべきではない」と主張し、この主張に有利な情報を外務省に送り続けた。また、石井はもともと内政のため外交を利用することを避けたいと考えていたようである。これらの要因があったからであろうか、北京政府からの帝制の一時的延期通告について、大隈内閣は、一一月一八日に「暫ク時局今後ノ発展ヲ注視」＊47することを閣議決定し、英・仏・露各国に提案して共同で中国政府に対して帝制承認の旨を申し入れると決めた。石井は直ちにこの閣議決定をもって、駐英・仏・露大使に打電し、その駐在国当局に対し、日本の提案に同調するように求めよと訓令した。また、駐米・伊大使にも転電した＊48。つまり、日本の外務省は中国に対する帝制一時延期勧告について区切りを付けようとしたのである。

しかし、ちょうどこの頃、英仏露三国が中国政府の対独国交断絶問題を日本に提案してきた。ことの発端は、駐英井上大使から外務省に寄せた二通の電報から始まる。井上は、「露国軍隊ノ欠乏ヲ告クル銃器ヲ此際一層補填スル必要アルヲ以テ、英国政府ハ今回支那ヨリ機関銃砲及小銃ノ譲渡ヲ得ントノ希望」があること＊49、その場合、中国政府に対して「有力ナル援助ヲ与」えていくべきだと英露両国が主張しているという情報＊50を、外務省に報告したものであった。

この後、英仏露三国による中国の対独国交断絶提案が急速に進められた。すなわち、一一月二一日、井上は外務省に対し、中国の銃器譲受問題に関する「英国側ノ意気込ハ頗ル強硬ニシテ、殊ニ既ニ露仏政府ノ同意ヲモ取付ケ居ル上ニ、支那ノ態度ニ付テモ成算アルモノノ如ク、今ヤ当局者ハ急速遂行ノ意嚮有スルモノノ如クナルヲ以テ、三国側ニ於テハ今更再考ノ余地ナシトシ、結局我ノ意向ニ拘ハラス予定ノ計画実現ノ挙ニ出ヅルヤモ計リ難シ」と報告した＊51。

さらに、一一月二二日、英仏露三国大使は日本外務省を訪れ、石井外相に対し「今回ノ戦争ニ付テハ貴国政府ハ其当初ヨリ我々同盟国及協商諸国ト全然其利害ヲ同ジウシ、共同ノ政策ヲ執ラレタル愉快ナル前例ニ鑑ミ今回モ我々政府ノ提議ニ御同意アリテ、戦争ノ目的ヲ達スルノ日ヲ早カラシメラレンコトヲ切望ニ堪ヘズ」と伝えて、日本に対し共同して中独国交断絶勧告に参加するよう要請したのである*52。

このような英仏露三国による中国の対独断交提案の動きに対し、日本の外交官をはじめ政府関係者は不快感を隠さなかった。

一一月二四日、中国公使に復任した日置は、外務省宛の電報で以下のように意見を述べた。三国の底意は「欧洲戦争ニ依リ支那ニ於ケル其地位ノ漸次薄弱ニ赴カントスルヲ防止シテ、其威力ヲ維持スルノ機会ヲ作」ることにある。最も問題になるのは、①中国が「帝国ヲ除外シテ三国ト窃カニ商議ヲ進メタル」ことで、「不問ニ付スヘカラサル不都合ノ次第」であるから、「此際帝国ニシテ一矢ヲモ酬ヒス、唯々トシテ三国ノ後ニ従ヒ本問題ヲ決スルハ平時ハ兎モ角今日ノ場合帝国ノ威信ヲ損スルコト鮮ナカラサルヘク」、②三国側とくに英国が「日英同盟条約」の趣旨に背いて一回も意見を交換せずに、「突然此重大問題ヲ提起シテ我政府ノ速言ヲ迫ルカ如キ」は、同盟国としてその誠意に対し極めて遺憾である、と*53。

また、駐外武官からも、反対の意見が寄せられた。英国の稲垣三郎は強硬に反対した*54。北京の町田経宇も「甚タ好マシカラサルコト」と報じ、中国側の動きについては、「英国ノ相談ニ応シ、英仏露側ニ同盟シ置ク」ことによって、「帝制ノ承認ハ勿論財政上ノ援助並ニ他日平和会議参列ノ権利ヲモ得」られることなどの利点があるからであると観察している*55。

結局、大隈内閣は一二月三日、中国の対独国交断絶を共同で提案することについての拒否を閣議決定した。そして一二月六日、日本は英仏露三国に対し、中国の参戦によって極東における戦乱の危機が起きる可能性があることから、日本は「中国がドイツ及び墺国に対し国交を断絶すること」の三国からの提議に賛同できない*56と回答した。この日本の「勧告拒否」に対し、英国側は困惑の意を表し*57、ロシアは外務大臣が不満であった*58という。

以上のように、日本の外交官をはじめ政府関係者は英仏露三国による中国の対独断交提案の動きを、「中国が日本を除外して三国と窃に商議を進めている」すなわち中国と英仏露国との接近と捉えてしまったのである。

（2）対独国交断絶問題と帝制延期問題との関連

では、袁と北京政府にとって、対独国交断絶勧告問題をめぐる対日外交は、どのようなものであったのか。

一一月二六日、袁と北京政府は陸公使に、「一一月二一日、英仏露国が中国に対し兵器製造への協力とドイツ人駆逐の要請をしてきたことについて、日置が外交部に問い合わせにきたが、全く接触していないと否認した。これは我が外交において非常に重大なことであり、貴官のところに日本政府より本件について何等かの問い合わせがあったら、絶対に意見表示しないで直ちに政府に報告せよ」と訓電した*59。

また、一二月五日、袁世凱は坂西利八郎に接見した際、「実力ナキ支那カ今日ノ情況ニ於テ交戦団体ニ加入スルコトハ思ヒモ寄ラサルコトニテ中立ヲ厳守スルノ外ナシ」*60と完全に否認する行動をとった。

つまり、袁と北京政府は英仏露国から対独国交断絶の希望を受けているが、これを日本には隠そうとしていた。

一一月二九日、東京の陸公使は、欧米系駐日大使との密談で得た下記の情報を袁と北京政府に打電した。それは「英国は日本が東アジアでの脅威であると認識しつつも、現在欧州戦線で手一杯の状況にある以上、日本の行動を黙認するしかない。いっぽう、日本は東アジアにおいて英国と盟主を争おうとする野心を前から持っている。このようなタイミングで中国が帝制を実施することになると、日本は必ずこの機に乗じて中国における外交主導権を奪おうとするだろう」*61という内容であった。さらに陸は、「入手した情報によれば、日本は再度帝制延期の勧告を四国協同で実行するよう進めている。これは中国の協商国参加問題に対する日本の反発行動によってもたらされた結果であろう」と指摘した*62。

ところで、一一月二三日、英国にいた井上大使は英国外交部を訪問した際、日本が提案している帝制実施の承認の件に対する英国政府の態度を問い合わせたところ、グレー外相に、日本の提案を「主義上同意スル所ナルモ、英国ハ緊急問題トシテ先ツ支那ニ於ケル独逸人放逐ニ関スル英国政府ノ提案ニ対シ速ニ日本政府ノ回答」を得たいと*63迫られた。このような食い違いもあって、結局、日本が英・仏・露各国に提案した中国の帝制実施の承認案は棚上げされてしまった。

第六節　袁世凱の帝制実施通告について

(1) 帝制承認問題をめぐって

中国国内では、一一月中旬から一二月上旬にかけて袁世凱の皇帝推戴運動が急速に進行し、各省の督軍らは相次いで、袁に推戴書を送った*64。また、曹汝霖の回憶によれば、一二月七日、ジョルダン英国公使は袁に会見し、「民が閣下を大総統に推せば大総統になる、民が閣下を皇帝に推せば皇帝になる」というような民意に従うべく、袁に即位するよう勧説したという*65。

このような情勢の下、北京政府参政院は一二月一一日、袁を皇帝にする推戴書を作成し、袁に呈進した。袁が辞退すると、第二次推戴書を呈上し、袁は一二日に受諾した。袁は、国号を中華帝国とし、年号を洪憲と定めるいっぽう、各省督軍に対し「もし延期することを宣言すれば、外国の干渉があったからと見られ、独立国家として成り立たなくなる。いっぽう即時に登極を宣布することは、日本の面子を潰すことになり、彼に妨害されるおそれがある。内政、外交とも配慮する必要があるので、大典の挙行を急がないで落ち着いて行なおう」＊66と呼びかけた。

この頃の中国国内における帝制実行の気運について、坂西利八郎は以下のように観察していた。「北京ノ旧皇宮、天安門ニハ、大典籌備処ナル大看板ヲ掲ケ、城内各地ノ牌楼ハ塗リ換ヘラレ、国民代表大会議員ノ選挙ヲ結了シ、要スルニ何時デモ、国体変更ノ一号砲ハ放チ得ル形勢ト相成リ居リ候。誰カ此号砲発射ノ命令権ヲ握リ居ルヤ。只今之処無論袁世凱ニ候得共、其内容ニシテ、彼レハ表面ニ於テ国民ノ声ナリトトボケ居リ候」＊67という。そして、袁が帝制の実行を躊躇しているのは帝制延期勧告を日本が主張しているからである。袁は「頗ル勢力ヲ有シ」て、帝制実行の「引金ニ手ヲ掛ケナガラ、之ヲ発射シ得サル」ように「苦悶」している＊68、つまり袁が動向を左右する鍵を握っていると、坂西は観察しているのである。

さて、一二月八日、北京政府は陸公使に対し、各省の投票の結果、一五省の得票数がすでに一二〇〇余りに上り、過半数を超えている、これ以上長く延期することには無理がある、誘き出してから脅迫するのが、日本の一貫した方法であり、日本を満足させるのは到底無理だと打電し＊69、日本の帝制延期勧告に対してこれ以上妥協しない意志を示した。

しかし、その直後に「日本政府が再度中国に対して共同延期勧告通牒を発する件について英・露国と協議している」＊70という情報が、東京の陸公使から寄せられた。それに対して、北京政府は、陸公使に「国民が国体を表決し新君を推戴する手続きはすでに完了している。民国の主権は国民にあり国民公決の国体は政府に於いて反対すべきものではない。また大総統において国民からの推戴も固辞することができない。しかし直ちに施行を宣布しないで、諸般の籌備を諭令して時期を先延ばしさせているのは、日本の友誼的勧告を尊重しているためである。最も日中外交関係を重視して、特別にこれを非正式に密告する次第である。先般来、延期の時期は何時までなのかと貴国政府に問われているが、来年一月まで挙行しない予定であるが、国内の状勢からして長く先延ばしすることは無理なので、何時まで延期すればよいのか日本政府の内示を受けたい」というように日本政府に伝えよと訓電した＊71。

一二月一四日、陸公使は日本外務省を訪問し、上記の外交部の来電の写しを石井外相に手交した＊72。また、会談の際、陸は石井に対し、日本はいつ頃まで帝制の実行を延期させたいと思っているのかと率直に日本政府の意向を求めたが、石井は日本政府の意向として、いつまでと確定することは出来ないが、欧州の戦乱も「来年三四月ノ交トモ成ラハ平和ノ気運ニ向フヤモ難計ト観察セラルルニ付、傍以テ今暫ク待タレテハ如何カト思考ス」＊73と回答した。

陸は、会談の結果を、①石井は他国より日本を重視する中国の姿勢に大いに満足したようであること、②石井は帝制の延期時期について来年三、四月まで延期した方が良いと意見を述べたことを、北京政府に報告した＊74。

一二月一六日、石井は陸との会見を踏まえて、在英・露大使宛に下記のように訓令した。すわわち、帝制実行延期時期の期間について中国政府より内密非公式に日本政府に問い合わせが来ていること、それに対し、日本政府も非公式にて「今後三四ヶ月間」動乱が発生しなければ、「我勧告ノ趣旨貫徹シタルモノト考フルヲ得ヘシ」と回答することにした。そして、イギリス・ロシア政府も日本と同様の措置をとるよう申し入れよと＊75。

以上のように、日本は日本の主導の下で関係各国の歩調をまとめ、中国の帝制承認を進めようとしたのであり、一二月一八日の時点においては、日中間の外交関係は円満な方向に歩みはじめたように見えたのであった。

（２）袁世凱の外交策略の失敗

この頃、袁世凱は日本による帝制延期勧告と英仏露三国による中国の対独断交勧告問題について、どのように認識し、どう対応しようと考えていたのか。

これについては、一二月上旬頃に書かれた袁のメモがある。そこには「英仏露国は我に対し連合国側に引き入れようとしているが、日本はこれに反対している。日本は我に対し帝制延期の勧告を主張しているが、英仏露国はこれに消極的である。しかし、先に帝制を承認することは忌避している。そこで先に英仏露三国に帝制を承認させるようにすれば、日本は孤立し異議を挟めなくなるだろう」*76と、袁の考えが記されている。

一二月一八日、東京の陸公使の手元に帝制実施の日付について「元々の内定では陰暦正月四日だったが、各省代表および蒙古王公らが長く北京に滞在しているのを顧慮して、陰暦一二月二日に改定したところ、再び元旦に改めた、この内定日はもう変わることはない」*77という情報が届くが、結局、袁はロシアに対し「帝制ノ宣布ヲ陰暦元日ニシタシト申シ込」んだ*78。そこでロシアは、独墺両国が帝制承認を先行することを憂慮し、中国の帝制を承認しないと自分らが「極メテ面白カラサル地位ニ立タサルヘカラサル次第」*79というように、早期に帝制を承認することへの同調を、日本に求めてくる。

さて、一二月二五日、陸公使は日本外務省を訪問し石井に対し、中国は陰暦一月四日（一九一六年二月七日）をもって帝制を実行することにしたい旨を伝えたところ、石井は中国政府が日本政府に限って打ち明けてくれたことを諒とするも、（一二月一六日に帝制実行延期時期の期限についての中国政府の問い合わせに対する）日本政府の回答を待たず関係列国に対し旧暦元旦に帝制を実施すると伝えたことにより、日本政府の英仏露国への「内交渉ニ一頓挫ヲ来シタルハ誠ニ遺憾ニ堪ヘサル処ナリ」と指摘し、さらにこのような事態によって、自分が「甚タシキ迷惑ナル地位ニ陥リタリ」*80と不満を述べた。結果的には、この言葉は中国の帝制運動をめぐる日中間の外交交渉の挫折を意味したものであった。というのは、この後の陸公使からの中国の帝制実行に対する日本政府の意向打診に対し、石井外相は「回答ヲ保留」した*81からである。

小括

日本では、一九一五年八月一〇日の内閣改造に伴って、対英協調を重視する加藤高明外相が辞職し、大隈内閣の主流は中正会の尾崎行雄と旧国民党系同志会員となった。以後内閣の中国政策に対する対外強硬運動の影響力が高まっていく。一〇月一三日、石井菊次郎が外相に就任したが、彼は対外強硬派たちとは一線を画する存在であった。

中国では、一九一五年夏以後、帝制運動の動きが盛んになった。大隈重信首相は中国の帝制移行の動きについて、原則的には不干渉の意見を示したため、袁と北京政府は日本が中国の帝制問題に関与してこないと情勢を判断した。しかし、実際の日本の対応は異なった。大隈内閣は、五閣僚からの提議を容れて一〇月一四日に中国の帝制実施延期勧告を閣議決定したのである。

石井外相は、中国の帝制問題が中国の内政問題にとどまらず、極東における国際政局に影響を及ぼすものだと考えたために、閣議決定に従い列強と共同で中国に対して帝制一時延期勧告を進めていくが、その際に中国に内政干渉の意思は持っていなかった。一〇月二八日、小幡臨時代理公使は外務省の訓令に基づいて、英・仏国公使と共同で中国政府に対し帝制一時延期勧告を実施したが、袁と北京政府は、日本による共同帝制延期勧告について困惑と不満を覚えた。いっぽう、外交問題に直面した袁は、各省督軍・巡按使に対し日本の干渉を避けるには、中国の国内体制を安定させ続けることが重要であると訴え、地方治安の確保を求めた。

一一月中旬に入ると中国国内おいて、帝制推進派によって帝制への歩みが着々と進められ、大勢が袁大総統を皇帝に推戴し、もはや帝制の進行は止めようもない状況となった。一一月一〇日、陸外交総長が日本の勧告について小幡代理公使と懇談を行い、中国の内政状況に対する日本政府の理解を求めた。中国の帝制移行延期内告を受けて、大隈内閣は、一一月一八日にしばらく時局の発展を注視することを閣議決定し、また英・仏・露各国に帝制実施の共同承認を提案することを決めた。

ちょうどこの頃、英仏露三国が中国政府の対独国交断絶問題を日本に提案してきた。日本の外交官をはじめ政府関係者はこれを中国と英仏露国との接触だと捉え、中国に対する不信を示した。いっぽう袁と北京政府は英仏露三国から対独国交断絶の希望を受けているが、これを日本には隠そうとしていた。結局、大隈内閣は中国の対独国交断絶勧告を拒否したが、それには日本に提案を持ちかけたイギリスとロシアに困惑を与えた。その結果、日本が英・仏・露各国に提案した「共同で中国政府に対して帝制の実施を認める案」は棚上げされてしまった。

一二月一四日、陸公使は日本外務省を訪問し石井外相に対し、中国が帝制の実行を延期させているのは日本の友誼的勧告を尊重しているためであると伝え、延期の時期について日本政府の意向を求めた。その後、日本は再び日本の主導の下で関係各国の歩調をまとめ、中国の帝制承認を進めようとし、一二月一八日の時点においては、中国の帝制運動をめぐって、日中間外交関係が円満に解決しそうにも見えた。

しかし、袁は帝制の承認問題と中国の対独断交問題という二つの外交課題を絡み合わせ、英仏露の列国の手を借りて日本を国際政治から孤立させ、日本に帝制の承認を認めさせようと考えていた。そこで、袁は先に露国に対し帝制実施の承認を求めるが、そのことは石井外相を困惑させた。

結果として袁は、この時期において高まるアジア・モンロー主義＊82による日本外交思想に対して、読み誤ったのであり、帝制運動をめぐる日中外交交渉を挫折させた。

＊注

1 曾村保信「袁世凱帝制問題と日本の外交」(『国際法外交雑誌』第六五巻第二号、一九五七年)。北岡伸一「大戦期における大陸政策と陸軍」(『日本の陸軍と大陸政策―一九〇六～一九一八―』東京大学出版会、一九七八年)。斎藤聖二「国防方針第一次改訂

の背景―第二次大隈内閣下における陸海軍関係」（『史学雑誌』第九五編第六号、一九八六年）。臼井勝美「袁世凱の没落と日本」（『政治経済史研究』第四五五号、二〇〇四年六月）。波多野勝「中国第三革命と日本」（『近代東アジアの政治変動と日本の外交』慶応通信、一九九五年）。

2　一九一五年九月六日、大隈大臣より在支小幡代理公使在支各領事在香港総領事宛、第五二〇号（「袁世凱帝制計画一件」、外交史料館外務省記録〔松本記録〕1.6.1.509）。

3　一九一五年九月二四日、外交部収駐日本陸公使電一件（中央研究院近代史研究所档案館所蔵北洋政府外交部档案、以下「外交档案」と略記、03-33-097-01-006）。なお、陸の後年の回想（陸宗輿『五十自述記』一九二五年、北京国家図書館分館蔵、伝50-89.02）によれば、彼がこの電報を送った翌日に、「大隈という人は、よく無責任の発言をするので、欧州戦争の最中にして日本の態度を慎重に検討すべきだ」と、袁と北京政府に対し注意を促がす旨の電報を送ったというが、この電報に該当する一次史料が見つからない。

4　一九一五年九月二六日、外交部収駐日本陸公使電一件（「外交档案」03-33-097-01-007）。

5　「袁世凱と英国公使の談話記録（一九一五年一〇月二日）」（中国社会科学院近代史研究所編『北洋軍閥―一九一二～一九二八―』第二巻、武漢出版社、一九九〇年、一二一五頁）。

6　櫻井良樹『辛亥革命と日本政治の変動』（岩波書店、二〇〇九年）一六頁。小林道彦「世界大戦と大陸政策の変容―一九一四～一九一六―」（『日本歴史』第六五六号、一九九四年、八頁）。前掲、斎藤聖二「国防方針第一次改訂の背景―第二次大隈内閣下における陸海軍関係」、一四頁。

7　千葉功『旧外交の形成―日本外交一九〇〇～一九一九―』（勁草書房、二〇〇八年）三二六頁。

8　原奎一郎編『原敬日記』（第四巻、福村出版、一九六五～六七年、以下「原敬日記」と略記）一三七頁、一九一五年一〇月一九日の条。

9　一九一五年一〇月一五日、石井外務大臣より在英井上大使宛、第二六六号（「袁世凱帝制計画一件」、外交史料館外務省記録〔松本記録〕1.6.1.509）。なお、徐世昌が、一〇月二三日に辞職願を袁と北京政府に提出したのは、病気が酷くなったためであった。

しかし、彼が帝制運動に対し賛成していなかったことは、徐が日記に「帝王の座を目指す人が多ければ、その国は必ず戦乱が起きる」と記したことから窺われる（「徐世昌年譜巻下」中国社会科学院近代史研究所編『近代史資料』総第五〇号、一九八三年、二二一～二二三頁）。

10 一九一五年一〇月一五日、石井外務大臣より在英井上大使宛、第二五六号、「一〇月一四日閣議席上決定」（「袁世凱帝制計画一件」、外交史料館外務省記録〔松本記録〕1.6.1.509）。

11 一九一五年一〇月一六日、在支小幡代理公使より石井外務大臣宛、第五六六号（「袁世凱帝制計画一件」、外交史料館外務省記録〔松本記録〕1.6.1.509）。

12 一九一五年一〇月二一日、石井外務大臣より在支小幡代理公使宛、第五七七号（「袁世凱帝制計画一件」、外交史料館外務省記録〔松本記録〕1.6.1.509）。

13 一九一五年一〇月二七日、石井外務大臣より在支小幡代理公使宛、第五九五号（「袁世凱帝制計画一件」、外交史料館外務省記録〔松本記録〕1.6.1.509）。

14 同右。一九一五年一〇月二九日、外交部発駐日本陸公使電一件（「外交档案」03-33-097-03-006）。

15 一九一五年一〇月二八日、在支小幡代理公使より石井外務大臣宛、第五八八号（「袁世凱帝制計画一件」、外交史料館外務省記録〔松本記録〕1.6.1.509）。

16 一九一五年一〇月二九日、外交部収駐日本陸公使電一件（「外交档案」03-33-097-03-010）。

17 一九一五年一〇月三〇日、外交部発駐日本陸公使電一件（「外交档案」03-33-097-03-011）。

18 一九一五年一〇月三一日、在支小幡代理公使より石井外務大臣宛、第五九五号（「袁世凱帝制計画一件」、外交史料館外務省記録〔松本記録〕1.6.1.509）。

19 一九一五年一〇月三一日、北京統率弁事処世電一件（何智霖編『閻錫山档案—要電録存』第一冊、国史館、二〇〇三年、以下『閻錫山档案—要電録存』一と略記、一六八～一六九頁）。

20 「原敬日記」、一三六頁、一九一五年一〇月一四日の条。

21　前掲、千葉功『旧外交の形成』三二〇頁。
22　一九一五年一一月二日、外交部収駐日本陸公使電一件（「外交档案」03-33-097-04-002）。
23　一九一五年一一月三日、外交部発駐日本陸公使電一件（「外交档案」03-33-097-04-004）。
24　一九一五年一一月二日、在支小幡代理公使より石井外務大臣宛、第六〇五号（「袁世凱帝制計画一件」、外交史料館外務省記録〔松本記録〕1.6.1.509）。
25　一九一五年一一月二日、在支小幡代理公使より石井外務大臣宛、第六一四号（「袁世凱帝制計画一件」、外交史料館外務省記録〔松本記録〕1.6.1.509）。
26　一九一五年一一月三日、石井外務大臣より在支小幡代理公使宛、第六一〇号（「袁世凱帝制計画一件」、外交史料館外務省記録〔松本記録〕1.6.1.509）。
27　「原敬日記」、一四二頁、一九一五年一一月六日の条。
28　一九一五年一一月三日、外交部収駐日本陸公使電一件（「外交档案」03-33-097-04-007）。
29　一九一五年一一月三日、外交部収駐日本陸公使電一件（「外交档案」03-33-097-04-008）。
30　一九一五年一一月五日、外交部発駐日本陸公使電一件（「外交档案」03-33-097-04-011）。
31　一九一五年一一月五日、外交部発駐日本陸公使電一件（「外交档案」03-33-097-04-012）。
32　一九一五年一一月六日、外交部発駐日本陸公使電一件（「外交档案」03-33-097-05-005）。
33　一九一五年一一月七日、石井外務大臣より在支小幡代理公使宛、号外第一号（「袁世凱帝制計画一件」、外交史料館外務省記録〔松本記録〕1.6.1.509）。
34　一九一五年一一月六日、外交部収駐日本陸公使電一件（「外交档案」03-33-097-05-009）。
35　一九一五年一一月八日、北京政府内務部斉電一件（『閻錫山档案—要電録存』一、一七二頁）。例えば、馮国璋らによる江蘇省の投票結果は全員帝制賛成するという旨の電報が袁と北京政府に送られていた（公孫訇編『馮国璋年譜』河南人民出版社、一九八九年、以下「馮国璋年譜」と略記、四四頁、一九一五年一一月二日の条）。

36 一九一五年一一月一〇日、外交部発駐日本陸公使電一件（「外交档案」03-33-097-05-012）。

37 一九一五年一一月一一日、外交部発駐日本陸公使電一件（「外交档案」03-33-097-06-001）。一九一五年一一月一一日、在支小幡代理公使より石井外務大臣宛、第六二九号（「袁世凱帝制計画一件」、外交史料館外務省記録〔松本記録〕1.6.1.509）。

38 同右。

39 一九一五年一一月一一日、曹汝霖（上海）発駐日本陸公使電一件（「外交档案」03-33-097-06-002）。

40 一九一五年一一月一三日、在支小幡代理公使より石井外務大臣宛、第六三三号（「袁世凱帝制計画一件」、外交史料館外務省記録〔松本記録〕1.6.1.509）。

41 一九一五年一二月一〇日、浜面又助宛坂西利八郎書簡（山口利昭「浜面又助文書―中国第三革命と参謀本部―」『年報近代日本研究二　近代日本と東アジア』山川出版社、一九八〇年、以下「浜面文書」と略記、二一三頁）。

42 一九一五年一一月五日、外交部発駐日本陸公使電一件（「外交档案」03-33-097-04-011）。

43 一九一五年一一月三日、北京統率弁事処江電一件（『閻錫山档案―要電録存』一、一七〇頁）。

44 一九一五年一一月一二日、徐州張上将軍文電一件（『閻錫山档案―要電録存』一、一七四頁）。

45 一九一五年一一月一五日、広西陸将軍王巡按使合電一件（『閻錫山档案―要電録存』一、一七七頁）。

46 一九一五年一〇月一三日付寺内正毅宛田中義一書翰（「寺内正毅関係文書」国会図書館憲政資料室所蔵、以下「寺内文書」と略記、三一五―四六）。

47 一九一五年一一月一八日、（総理宿舎において）閣議決定（「袁世凱帝制計画一件」、外交史料館外務省記録〔松本記録〕1.6.1.509）。

48 一九一五年一一月一八日、石井外務大臣より在英井上大使宛、号外第一八号（「袁世凱帝制計画一件」、外交史料館外務省記録〔松本記録〕1.6.1.509）。

49 一九一五年一一月一一日、在英国井上大使ヨリ石井外務大臣宛電報「露国軍隊ニ供給ノ銃器ヲ中国ヨリ譲受方ニ付英国政府ヨリ日本政府ノ支持要請の件（一一月一二日外務省接受）」（外務省編『日本外交文書』大正四年第三冊下巻、一九六九年、八七八頁、以下『外文』四―三―下と略記）。
50 一九一五年一一月一二日、在英国井上大使ヨリ石井外務大臣宛電報「露国軍隊ニ供給ノ銃器ヲ中国ヨリ譲受並中国等ニ於ケル独逸ノ陰謀ニ関スル英国政府ノ覚書全文送付ノ件」（『外文』四―三―下、八七九～八八三頁）。
51 一九一五年一一月一二日、在英国井上大使ヨリ石井外務大臣宛電報「中国ノ銃器譲受問題ニ関スル英国政府ノ覚書ニ対シ我方ノ採ルベキ態度ニ付稟申ノ件」（『外文』四―三―下、九〇一頁）。
52 一九一五年一一月二三日、石井外務大臣在本邦英仏露各国大使会談「中国ニ対シ独墺両国トノ国交断絶方勧誘ニ関シ英仏露三国ヨリ日本ノ支持懇請ノ件」（『外文』四―三―下、九〇四頁）。
53 一九一五年一一月二四日、在中国日置公使ヨリ石井外務大臣宛電報「連合国側ノ引入問題ニ対シ日本政府ノ取ルヘキ態度ニ付意見上申ノ件」（『外文』四―三―下、九一八頁）。
54 一九一五年一一月二四日、在倫敦稲桓陸軍大佐ヨリ明石参謀次長宛電報「英仏露三国ノ中国戦争引入策ニ対シ反対意見上申ノ件」（『外文』四―三―下、九二七頁）。
55 一九一五年一一月二四日、在北京町田経宇陸軍少将ヨリ明石参謀次長宛電報「英仏露三国ノ中国戦争引入運動ニ関スル情報ノ件」（『外文』四―三―下、九二九頁）。
56 一九一五年一二月六日、石井外務大臣ヨリ在英国井上在中国日置在露国本野各大公使宛電報「英仏露三国ノ中国引入提案ニ対スル日本ノ覚書交付ニ関スル件」（『外文』四―三―下、九六五頁）。
57 一九一五年一二月一〇日、在英国井上大使ヨリ石井外務大臣宛電報「英国政府ハ日本ノ覚書ニ失望シ再考方要望越ノ件」（『外文』四―三―下、九七二頁）。
58 一九一五年一二月一一日、在露国本野大使ヨリ石井外務大臣宛電報「日本ノ覚書ニ露国当局不満ノ旨報告並意見上申ノ件」（『外文』四―三―下、九七二頁）。
59 一九一五年一一月二六日、外交部発駐日本陸公使電一件（「外交档案」03-33-097-07-001 ～ 003）。
60 一九一五年一二月六日、陸軍省ヨリ外務省宛「中国ノ連合国側引入問題ニ対スル大総統内話ニ関スル件」（一二月五日在北京坂

西大佐ヨリ参謀総長宛電報写坂西極秘第一五号、『外文』四―三―下、九六六頁)。
61 一九一五年一一月二九日、外交部収駐日本陸公使電一件(「外交档案」03-33-097-08-002)。
62 一九一五年一一月二九日、外交部収駐日本陸公使電一件(「外交档案」03-33-097-08-003)。
63 一九一五年一一月二四日、在英井上大使より石井外務大臣宛、第五四七号(「袁世凱帝制計画一件」、外交史料館外務省記録〔松本記録〕1.6.1.509)。
64 一一月上旬から下旬にかけて、閻錫山、朱瑞、趙倜、段芝貴、湯薌銘、李純ら各省の督軍が袁世凱に対し推戴する電報を送っていた(中国第二歴史档案館編『中華民国史档案資料匯編第三輯・政治』江蘇古籍出版社、一九九一年、一〇七三~一〇七八頁)。
65 曹汝霖『一生之回憶』(曹汝霖回想録刊行会、一九六七年)九八頁。
66 一九一五年一二月一四日、北京統率弁事処願電一件(『閻錫山档案―要電録存』一、一八三頁)。
67 一九一五年一二月一〇日、浜面又助宛坂西利八郎書簡(「浜面文書」、一一二頁)。
68 同右。
69 一九一五年一二月八日、外交部発駐日本陸公使電一件(「外交档案」03-33-097-08-006)。
70 一九一五年一二月一一日、外交部収駐日陸公使電一件(「外交档案」03-33-097-09-002)。
71 一九一五年一二月一三日、外交部発駐日陸公使電一件(「外交档案」03-33-097-09-008)。
72 「一九一五年一二月一三日付北京政府外交部来電写しの訳文」(「袁世凱帝制計画一件」、外交史料館外務省記録〔松本記録〕1.6.1.509)。
73 「一九一五年一二月一四日、陸在本邦支那公使石井大臣を訪問の件」(「袁世凱帝制計画一件」、外交史料館外務省記録〔松本記録〕1.6.1.509)。
74 一九一五年一二月一四日、外交部収駐日陸公使電一件(「外交档案」03-33-097-10-002)。
75 一九一五年一二月一六日、石井外務大臣より在露本野大使宛、第五五一号・在英井上大使宛、第三六七号(「袁世凱帝制計画一件」、外交史料館外務省記録〔松本記録〕1.6.1.509)。

76 一九一五年一二月上旬頃（推定）、袁世凱肉筆メモ（天津歴史博物館館蔵、北洋軍閥史料編委会編『北洋軍閥史料・袁世凱巻二』天津古籍出版社、一九九二年、四〇八頁）。

77 一九一五年一二月一八日、外交部発駐日本陸公使電一件（「外交档案」03-33-097-10-009）。

78 一九一五年一二月二四日、在中国日置公使より石井外務大臣宛、第七二一号（「袁世凱帝制計画一件」、外交史料館外務省記録〔松本記録〕1.6.1.509）。

79 同右。

80 一九一五年一二月二五日、石井外務大臣より在中国日置公使宛、第六八八号（「袁世凱帝制計画一件」、外交史料館外務省記録〔松本記録〕1.6.1.509）。

81 一九一六年一月五日、石井外務大臣より在英井上大使宛、第七号・在露本野大使宛、第八号・在支日置公使宛、第七号（「袁世凱帝制計画一件」、外交史料館外務省記録〔松本記録〕1.6.1.509）。

82 この時期のアジア・モンロー主義とは、長島隆二が主張する「東洋の問題は、日本にとっては自衛上の問題であり、また現実に日本の実力によって東洋は安定しているから、政府はそのことを列国に認めさせるように努めねばならない」、または「袁への帝制延期勧告を英国と相談して行ったことが日本の中国に対する優越した地位を放棄するに等しい行為だ」といったようなものだと考えられる（前掲、櫻井良樹『辛亥革命と日本政治の変動』三四六〜三四七頁）。

第三章
袁世凱の失脚と日本

はじめに

一九一六年三月七日、第二次大隈内閣で閣議決定された「倒袁政策」は、日本が正式な国家政策としてはじめて中国の内乱に関与したものであり＊1、その実施について当事者自身が「よくいえば奇抜、悪くいえば出鱈目」と回想するような政策であった＊2。

この問題についての従来の日本政治外交史研究＊3では、日本の対中政策の視点から倒袁政策の形成、遂行の過程に焦点を当てた分析がなされており、日本の倒袁政策が中国の国内政治にどのような影響を与えたのかという点については、あまり配慮されていないように思われる。

なお、中国史の側から帝制運動をめぐる袁政権内部の対立を追究した研究＊4、日中関係史の視座で「日本は中国問題をめぐる発言力の強化という目的を達成するうえで何が最適であるかを意識しながら、中国情勢の展開に伴って政策を決定した」ことや「中華民国の対日外交に二重構造が存在した」ことを提示した研究＊5がある。これらの研究は日本の倒袁政策が中国の国内政治にどのような影響を与えたのかという点においては、多くのヒントを与えてくれる。しかし、前者は古くなされた研究のため、この時代の中国側の史料が未公開の状況下にあり、立論の根拠が欠けていた。後者の場合も、程度の差こそあれ、革命史観によって編纂された資料集を断片的に扱って中国側の状況分析がなされているため、史料の突き合わせが十分ではないという欠点が残されている。

本章では、以上のような研究の状況をふまえて、日中両国の史料を照らし合わせながら、日本側において、倒袁政策がどのようにして決定されるに至ったのか、それが中国の国内政治にどのような影響を与えたのかを考察し、なぜ権力の頂点に立った袁世凱が急転直下のように失脚したのか、その真相を検討し、日本の倒袁政策の動向と中国の国内政治の変動との連鎖関係を導き出そうとするものである。

第一節　雲南反乱の勃発と日本の対応

（1）雲南反乱の勃発に伴う中国の国内情勢の動揺

袁世凱の帝制運動に反対する政治勢力は、消極的な反帝制派と積極的な反帝制派に分かれ、消極的なものとは、①康有為らのような清朝の復活を唱えるもの、②段祺瑞や馮国璋のような次期大総統になれるものを指す。積極的なものとは、①孫文、李烈鈞、岑春煊らいわば革命派たち、②蔡鍔や梁啓超のような袁の帝制そのものに反対するものを指すと、李剣農は分析した＊6。

後者の②の政治勢力は後に反袁運動の旗手となるが、そもそも梁啓超も蔡鍔も袁政権と協力関係にあった。すなわち、梁は一九一三年九月から一九一五年夏にかけて、前後して（司法総長、幣製局総裁、参政院参政、総統府政事顧問）の職にあった。蔡は、一九一三年一〇月、袁に呼ばれて上京してから、参政院参政、模範団教官、全国経界局督弁などの職を与えられ、袁からの厚遇を受けていた。歴史の結果からみれば二人とも袁を裏切ったのである。

さて、北京では帝制の実行が着々と進むようにも見えた一九一五年一二月下旬、雲南督軍唐継尭、巡按使任可澄、蔡鍔らは連名で各省宛に「籌安会が発起して以来、人々は帝制に憤り、高名な君子達が皆袁から離れて引退し、袁はもはや孤立無援の状態に陥っている」＊7と訴え、一二月二五日に帝制の取り消しと帝制運動の発動者らの処罰を要請し、反旗を掲げて雲南の独立を宣布した＊8。この雲南で起きた反政府クーデターは、梁啓超と蔡鍔らによって画策されたものである。

北洋派の内部では、この雲南の反乱に対し、例えば倪嗣沖のように「即時、雲南に派兵して乱を鎮圧する」＊9と主張する督軍もいたが、その多くは意見を発表せずに情勢の推移を傍観していた。この状況の下、一二月二七日、南京の馮国璋は、各省宛に「雲南の擾乱がその一角に止まらず、全局に及ぶおそれがある」＊10ので、慎重に対応すべきだというように微妙な意思表示をする電報を送った。

馮の電報を受けて、一二月二八日、蔡一派の貴州巡按使の劉顕世は、「今回の国体変更は少数派の意図によるもので、軍民長官達が時局への配慮より、賛同意見を表示しただけであって、本当は希望していない。いわゆる公民による推戴の説も実に自分を騙して人をも騙すようなものに過ぎない。政府は帝制運動の過ちを認めれば今回の雲南の反乱は自然に収束できるのだ」と指摘し、中央政府に対し「忠告意見」を上陳するために、南京の馮国璋を各省の将軍代表に推薦しようと呼びかけた＊11。

劉の提案に呼応するかのように、一二月二九日、馮国璋が「国内の意見対立を解決できなければ、その影響の及ぶところが大である。貴州（劉顕世）からの平和解決の提案に対し自分はとても賛成する」＊12と、意見を述べた。

このように、これまで北洋派の督軍らが帝制に一致して賛成し、強固にも見えた中国の政局は、雲南の反乱が勃発して帝制移行に対する是非を問われると、すぐに不安定な局面が現れることになったのである。

（2）雲南反乱の勃発と日本側の対応

斎藤聖二の指摘によれば、参謀本部と軍令部の間では袁世凱帝制運動への対策模索過程の中で陸海両軍による「国防方針」ならびに「用兵綱領」の第一次改訂作業が開始されたという*13。ところで、一九〇七年の「用兵綱領」にもとづき毎年「年度作戦計画」を作成することが義務づけられていたが、海軍においては、一九一三年に裁可されたものがその最初のものであった。一九一五年は、「二一か条」が妥結した直後から改訂会議を開き、九月には「作戦計画」に付随する「戦時編成」の改正要領まで出来上がっている。前年までの「平時編成」は、戦艦・巡洋戦艦一六隻を第一・第二艦隊は巡洋艦以下で編成するのが基本であった。この年の改訂の最大の特徴は、三艦隊に六・四・六と主力艦を分散配備したことにある。つまり、第三艦隊の大幅な増強である。従来第三艦隊は揚子江以南を行動区域としていたが、さらに今回は、日本及び中国沿海並びに揚子江流域と指定を変え、日本海全体を巡行区域とするように改めた。「二一か条」交渉時の問題を踏まえた上で、中国海域の作戦行動を重視し且つ円滑にする方針を背景に改訂されたことが分かろう。一九一五年末から開始された「用兵綱領」の改訂作業は、この艦隊編成の改訂内容に見られる作戦構想の変化の上にのったものである。同時期の袁世凱帝制問題の紛糾は、この方針を一層促進させるものとなった*14。

また海軍において、シーメンス事件による山本権兵衛派の凋落＝八代六郎海相、秋山真之海軍省軍務局長、竹下勇軍令部参謀など「大陸派」将官の台頭が、対中強硬政策での陸海軍の積極的協力を容易にした*15と考えられる。

さて、雲南の反乱勃発という中国の時局の変化について、参謀本部・軍令部はどのように観察し、どのような対応をとったのか。

まず軍令部では、一二月二三日に「第六戦隊の半部を馬公に待機せしむる」*16ことを決定した。

いっぽう参謀本部では、中国現地駐在武官の寺西秀武（湖北督軍顧問）が、南方派の援助と袁打倒の意見上申を行った。

寺西は、一月九日、寺内正毅（朝鮮総督）宛に下記の意見報告書＊17を送った。そこでは、まず、中国の時局について、①袁軍が雲南に至るには少なくとも一〇〇日を要するため、「雲南軍ガ袁ニ買収セラレザル以上此百余日間ニ於テ他省ノ反旗ヲ翻スモノアラン」、②各省の人民は袁世凱を恨んでいるにもかかわらず、「現今広西広東江蘇浙江等ガ事ヲ挙ゲ得ザル主因ハ弾薬欠乏ニ依ルナラン」と指摘した。

次に、「我邦ハ欧州戦後ニ於テ独英米ノ強敵ト経済上大競争ヲナシ、其勝敗ハ我軍備拡張ノ能否ヲ決定シ、其能否ハ我邦ノ興亡ヲ決定ス将来ノ戦争ニハ唯ニ軍隊艦隊ノ増加ヲ以テ足レリトセズ、兵器及各種軍用品ノ独立ヲ以テ最モ重要ノ事項トナス、就中製鉄、製亜鉛其他ノ工業ノ拡張進歩ヲ最大要務トナシ、而シテ鉄鉱、製鉄用石炭、亜鉛鉱、及各種工業ノ原料ハ我ニ乏シクシテ支那ニ多シ、又是等ノ事業ハ概シテ十数年ノ長日月ヲ経ツニ非レバ成功スル能ハザルヲ以テ、我邦ハ今日大速力ヲ以テ之レニ着手セザル可カラズ」というように、戦後における列強との軍事対決を予測し、中国における資源の確保を要務とし、欧州戦乱の千歳一遇の好機を利用して日中「両国提携ノ障害ヲ一掃セザル可カラズ」と述べた。

そして、袁世凱については、①「袁ハ日清戦役、両次革命乱、亡命者ノ我邦内居住、対支交渉、帝制警告等ニテ感情ヲ害シタルノミナラズ、彼ハ米ト親ミテ我南満発展及利権獲得ヲ妨ゲ、独ト結ビテ我対支発展ヲ妨ゲ且ツ互ニ兵器同盟ヲ結バントシ、又屡、英米独ヲ利用シテ我外交ヲ妨害セリ、然モ彼ノ詐偽的術策ハ大ニ我国民ノ感情ヲ害セリ」、②「袁ハ唯ニ両国提携ノ一大障害物タルノミナラズ、欧州戦後ニ於テ彼必ズ米独ト提携シ、米ニ利権ヲ与ヘテ借款ヲ得ントシ、独逸軍人ヲ聘シテ陸軍ヲ改革シ彼ト兵器同盟ヲ結ビ、独人ニ依リテ工業発展ヲ期スル等ノ我発展ヲ阻害スル行動多カラン」と、つまり袁が英米に親しみ、日本にとって厄介な存在であると強調した。

そのため、今日は先ず「倒袁策ヲ講シ其他ハ嗣後ノ形勢ニ応ジテ我ニ有利ナル如ク導カン故ニ当今ノ急務ハ欧戦酣ナルニ乗シ雲南独立ヲ利用シ、道義上、東洋平和保持上、支那民族ヲ救フ為メ、我ガ欧戦後ノ経営ヲ利スル為メ、日支両国提携ノ為メ、我官民心ヲ一ニシ袁ヲ倒スニ在リ、其ノ手段タル列強ノ対袁借款ヲ妨害シ且ツ暗ニ反対派ニ兵器及金資ヲ給スルヲ以テ足レリトス」というように「袁の打倒」を結論に結びつけた。

この寺西の報告書から読み取れるように、なぜ当時の日本の中堅軍人たちが袁世凱を嫌悪したかというと、①袁が反日的である、②袁が英米列国に親しむ、③袁の策略と能力への畏怖があること、が挙げられる。

さらに、寺西は、一月一三日、福田雅太郎（参謀本部第二部長）宛てに、書簡*18を送り、「北京に於いても数多之袁反対者を生じた。（中略）北軍中にも将軍師団長のみ封爵せられ、旅団長以下には何等之賞与も無きを以て、漸次不平を称ふるに至れり」と報告した上、「将来各省は立って袁に反抗するもの多かるべく、袁の運命も遂に尽きる」こととなると指摘して、日本政府においては「速に倒袁之方針を確定せられ、朝野一致協力して之に努力」することを切望すると上申した。

結局、一月一五日、福田が海軍軍令部を訪問して、「打ち合わせを行い、陸海軍の対支外交案」をまとめ閣議に提出することにした*19。陸・海軍の共同提案は、①日本は中国に対し当分帝制承認を与えず、承認を与える時期は保留すること、②日本は上記①の主張を以って、関係諸国に通告してその協同を勧誘すること、③帝制承認を与えない結果、生じる局面に対し、日本が必要と認めれば自衛の手段をとるものとすること、④日本政府は中国における状勢の推移を監視し暫く中立的態度を持すること、という内容であった*20。

この陸海軍からの共同提案を受けて、一月一九日、大隈内閣は閣議で、「一面南方ニ於ケル動乱ノ発展ヲ注視シツツ帝制承認ヲ差控ヘ、一面支那ニ向ツテハ列国協同トシテ更ニ勧告ヲ重ヌルニハ及サルモ、現ニ発生セル動乱ヲ無視シテ帝制ヲ実行スルノ無謀ナル所以ヲ明白ニ表示スルコト」として帝制承認をしないこと、関係四国に対し日本と同じ行動に出るように交渉することを決定したのである*21。

第二節　袁世凱の帝制延期と日本の反応

（1）袁世凱の帝制延期について

一九一六年一月四日、北京政府統率弁事処で雲南を討伐する軍事会議が開かれ、袁は曹昆を総司令に任命し、兵を二路に分けて雲南に向かわせ反乱軍を討伐することを決定した。第一路軍（司令馬継増）が四川に進攻し正面から反乱軍を打破し、第二路軍（司令張敬尭）が湖南の西部に進み貴州を経由して側面から雲南を進攻する、という作戦計画であった＊22。

中国国内政局が緊迫する中、一月八日、曹如霖は高尾通訳官に対し、各省将軍・巡安使らから「帝制ノ実行ヲ斯ク迄延期セラルルニ於テハ人心動揺ノ結果、如何ナル事態ヲ惹起スルヤモ計リ難キニ付、此際速ニ断行アリタキ旨ノ意見」が頻繁に寄せられているので、これ以上帝制の実行を延期することは出来ない状況にあると伝えた＊23。

いっぽう、袁は、帝制実行ができない理由について各省督軍に対し以下のように説明した。帝制の実行について、列強の承認はとても重要である。列強諸国から事前の了承を得ずに、大典を遂行してしまったら、事後の追加承認を得るのが難しい。雲南の擾乱が発生してから、承認問題が難航している。数ヶ国からはすでに承認の約諾を得ているが、鍵を握っている日本が、雲南の擾乱についてデマを飛ばし列国の帝制承認の意向を動揺させてしまい、列強による全体一致の承認を得られない状況になっている。大典の実行によって時局を悪化させることは避けたい、と＊24。

そして、袁は、各地の督軍と地方官吏に対し管内の治安を極力維持するように呼びかける一方で、二月二三日、「今ヤ雲南貴州乱ヲ構ヘテ居民ヲ驚カシ湖南四川ノ辺彊モ亦乱徒ノ為ニ脅カサレ民ノ困苦聞クニ忍ヒス、加フルニ奸人ノ謡言ヲ放ツモノモ亦尠カラス、余ノ国ヲ救フノ初志ヲ以テ利ヲ争ヒ権ヲ争フノ口実タラシメ遽ニ帝位ニ即カ如キ何ヲ以テ自ラ安キヲ得ンヤ、余ノ意既ニ決セリ必ス須ラク之ヲ延期スヘシ」＊25と、帝制延期の申令を発布したのでである。

では、この袁世凱の帝制延期発表について、中国国内駐在の日本人関係者はどのように観察し、どんな意見を本省に伝えたのか。

袁の帝制延期発表の原因について日置公使は、楊士琦よりの内話として、①その近因は「帝制問題ニ関シ国民代表大会事務局ガ民意製造ノ為種々ナル密電ヲ地方官ニ発シタルコト最近雲南方面ヨリ発覚シ、此ノ事遂ニ大総統ノ耳ニ入リ大ニ憤怒スル所トナリ、爾来大総統ハ急ニ責任内閣制ヲ採用スルノ意ヲ起シ且帝制延期ノ申令ヲ発スルニ至リタル次第ナリ」という内情と、②その遠因は、西南地方に起きている動乱の鎮圧には当分時間がかかることにあると、伝えている＊26。しかし、日置公使本人は、討伐軍の大部隊は既に四川に入り込み、なお湖南、広西方面よりも進軍しつつあるので、叛軍が撃破されることになれば、他に意外な事変が起らない限り、形勢は変わることになり、討伐軍の成績について相当の見据えが付くまでは、決して急激な形勢を予断できない、つまり事態の推移を見てから対応を考えたほうがよいという意見を述べた＊27。

有賀長雄（北京政府法律顧問）は、「雲南ノ地理上ノ関係ニテ討伐困難ナルニ付テハ、成ルヘク和解セシメント致居ル者多ク、袁氏ニ於テモ、和解ニ如カスト思惟セラルルハ自然ノ勢ニ御座候。而シテ雲南派ハ必ズシモ帝制ニ反対スルニ非ス、中央政府ノ権力ヲ袁氏ノ一手ニ集ムルコトニ反対ナリト申スコトニ御座候」との見方を示し、日本にとってみれば政治の実権が袁氏一人に集まり、「而シテ其ノ袁氏ヲシテ日本ニ信頼セシムルコトハ容易ナレト、一旦議員政治ヲ行フニ至レハ、政治ノ中心朝夕ニ変転シ、御国ノ外交ノ為ニモ不便少カラサルヘク、且我ガ東都［ママ］ニ政党内閣ノ悪例ヲ作ラシムルコトハ甚タ宜シカラス」＊28と、山県有朋に意見上申した。つまり、有賀はあくまで、日本は袁と中央政府側を応援すべきだと主張した。

（2）雲南の戦況と参謀本部の反乱軍への声援

雲南での戦況については、一月下旬に「雲南の革命軍四川叙州を占領の確報あり（二一日）」*29という情報が日本に伝わった。二月に入ると、馮国璋が江西督軍李純に対し第六師による雲南への進行を遅らせるように内密に指示したという*30。しかし実際には政府軍の方が確実に優勢で反乱軍の方が苦戦していたことが、「銃弾の在庫が完全になくなり、早急に弾薬の補給を要すると述べた」蔡鍔から唐継尭宛てに送った緊急電報から分かる*31。

この間、寺西秀武は参謀本部上層部に袁を倒すチャンスであること、そのためには、革命党を援助すべきだという意見を送っている。

まず福田第二部長に宛てた書簡では「我政府本月中旬頃迄に方針を確定せず、革命党を暗助せざる以上、袁は雲南を平定して帝制に付く之公算多し。雲南平定之暁には、英露は帝制を承認する之傾向を生すべく、我邦も亦之を阻止する之辞無く、遂に我は一物を得るコト無くして之を承認し、袁より嫌厭愚弄せられ、支那人民より軽悔せらるゝに至らんかと憂慮す」*32と語る。上原勇作参謀総長には「千載一遇之欧戦を利用して我邦前途之画策を為すにも、我軍事及経済を期する為めにも、此際是非袁を倒し、我勢力を支那に植へ置く」必要があり、この際陸軍より革命党側に兵器弾薬を供給しなければならないと*33、さらに「我輿論は既に倒袁に傾き、我政府各省も倒袁主義を唱へらるゝ者多く、陸軍側も下級者は概して倒袁を主張せるに係らず、唯上級者のみ」その意向が定まらずために、方針決定を躊躇していると聞き、「万一如此事あらんか我陸軍及邦家之一大不幸と愚考候間、何卒御努力」してほしいと決意を促している*34。

中国の政局では、三月三日、袁は倪嗣冲ら地方督軍を上京させ、中南海豊澤園で軍事会議を開いた*35。その頃には捷報がしきりに袁のところに届いていた*36。蔡鍔は「我方の将兵たちの情況は既に退廃した状態に陥っている。いっぽう、敵軍は指揮が統一して戦闘力がまだ強い」*37と観察していることや、「昨日三千元を受け取り、即時に配給した。もしこれがなければ、どんな混乱に陥ったかは想像に絶する」*38と語ったことからして、雲南の前線では、三月上旬頃には、反乱軍側がほぼ壊滅状態にあったことが窺われる。

以上のように、雲南の前線では、最初から政府軍の方が確実に優勢で反乱軍の方が苦戦していた。そして三月上旬頃には、反乱軍側はほぼ壊滅状態に陥った。いっぽう、日本の革命援助は現地駐在武官の寺西からなされていたが、三月に入っても蔡鍔ら反乱軍は、日本からの援助物資をもらえていなかったことが、「日本は我を助けると言っているが、未だ実質的な援助をもらえていない」*39という蔡から唐への電報から分かる。

第三節　袁世凱の帝制取消について

(1) 大隈内閣の倒袁政策の決定について

二月中旬頃、雲南での反乱の勃発という中国の国内情勢の変化について、田中義一は、「余リ楽観ヲ許サヾル状況」と観察し、袁が「形勢ノ非ヲ覚ラバ自ラ大総統ヲモ放擲シテ身ヲ全フスルノ策ニ出ツルヤモ知ラズ」と見て、「日本ハ根本ニ於テ如何ナル方針ヲ取ル可キカヲ決定」する必要性を*40考えるようになった。そこで参謀本部においては袁世凱を打倒する政策を決定し、田中は岡市之助陸相に同調を求めて、「日本トシテハ支那ノ平和ヲ保持スルト云フ事ヲ以テ主眼トナスガ為メ、今日ハ袁ヲ全ク退譲セシムルノ手段ヲ講シ、之ト共ニ我政治的勢力ヲ扶殖スルノ手段ヲ講スル方有利」であるというように書簡を送った*41。

二月一七日付の竹下勇日記には、「陸軍より田中義一次長及福田(雅太郎)第二部長来訪。山屋(他人)次長、鈴木(貫太郎)次官、森山(慶三郎)少将及余と対支根本政策に就て協議、意見を述ぶ(積極主義)。山屋次長は沈思黙考即答を避けたり」＊42と記された。

ただし、田中は、軍人の視点から雲南での戦況について、「革命党の雲南に拠る者は日本にて教育を受けたる者のみなるが、資金も兵器弾薬も欠乏し、弾丸の如き一挺に三〇発位も有する実況ならん、而して此地方不便にして何物も送るに由なし、今一週も過ぎれば自滅と云ふ有様」＊43で反乱軍が不利な状況にあると見ていた。そのため、田中は岡陸相に対し、「此際何トカ政府ノ方針ヲ決定シ、各所共之ヲ回テ統一的ニ協同的ニ努力スル」＊44というように、中国への内政干渉に対する政府の方針決定を要請したのである。そして、田中は、政府がなかなか決定をしない状況を見て、「革命党に内々援助し袁に対して度々難題を持掛けるときは袁は益々勢力を失ふべく」＊45と考え、政府の決定を待たずに討袁の動きを進めていくことになる。

ところで、倒袁政策の実行と相前後して、参謀本部の陣容はすでに一新されていた。かつて増師問題で左遷の憂き目をみた上原が参謀総長に（一九一五年一二月）、同じく田中が参謀次長に（一九一五年一〇月）、そして宇垣一成が参謀本部第一部長に（一九一六年三月）それぞれ返り咲いたのである。そして、参謀本部や大陸浪人の策動もあずかって、大隈内閣はついに袁世凱政権の打倒を閣議決定したのである＊46。大隈内閣が、三月七日の閣議で決定した倒袁政策＊47は以下の通りである。

一、支那ノ現状ヲ観ルニ袁氏権威ノ失墜、民心ノ離反及国内ノ不安ハ漸ク顕著トナリ、同国ノ前途実ニ測ルベカラザルモノアルニ至レリ、此ノ際帝国ノ執ルヘキ方針ハ優越ナル勢力ヲ支那ニ確立シ同国民ヲシテ帝国ノ勢力ヲ自覚セシメ以テ日支親善ノ基礎ヲ作ルニ在り。

二、袁氏カ支那ノ権位ニ在ルハ帝国カ叙上ノ目的ヲ達スルノ障碍タルヲ免レザルヘシ、従テ右帝国ノ方針遂行ノ為ニハ袁氏カ支那ノ権力圏内ヨリ脱退スルニ至ルヲ便トス、何人カ袁氏ニ代ルトモ之ヲ袁氏ニ比スルトキハ帝国ニ取リテ遥ニ有利ナルヘキコト疑ヲ容レサル所ナリ。

三、袁氏カ支那ノ権力圏内ヨリ脱退スルコト期セム為ニハ成ルヘク支那自身ヲシテ其ノ情勢ヲ作成セシムルヲ得策トス、蓋シ支那ノ将来ハ同国民心ノ帰向スル所ニ従テ決定セラレザルベカラス、帝国其ノ趨勢ヲ察シ之ニ乗シテ事ヲ処理スルヲ要スヘク、帝国自ラ支那ノ将来ヲ決定セムトスルハ労多クシテ効少カルヘシ。

四、若シ夫レ然ラズシテ袁氏ヲ排除セムカ為帝国政府カ正面ヨリ袁氏ニ肉薄シテ帝制中止又ハ退位ヲ要求スルカ如キハ却テ現ニ進退ニ窮シツツアル袁氏ノ為ニ活路ヲ開ク所以ニシテ帝国政府ハ自然袁氏失脚後ノ善後処分ニ当ラザルベカラザル責任ヲ負フコトトナルヘク、是レ帝国政府自ラ袁氏ヲ窮地ヨリ救ヒ代テ其ノ窮地ニ陥ルモノナリ、将又帝国ハ成ルヘク与国トノ協調ヲ破ラサル範囲内ニ於テ所期ノ政策ヲ遂行スルヲ得策トスル処、欧米列国ハ本件考案ノ如キ明白且直接ナル支那内政ノ干渉ニ対シテハ到底之ニ賛同セザルモノト断定セザルベカラズ。

五、叙上ノ理由ニ依リ目下ノ時局ニ対スル具体的手段ハ適当ナル機会ヲ俟テ南軍ヲ交戦団体ト承認スルコトニ在リ、支那政府ハ已ニ外国人ノ南支一部ニ於ケル旅行ニ対シ護照ノ発給ヲ拒ミ保護ノ責任ヲ負ハザルベキコトヲ声明シタルニ反シ、南軍ハ其ノ占領地域内ニ於ケル保護ノ責任ヲ自認スルモノナルヲ以テ今後南軍ノ活動ニ尚相当ノ発展ヲ見ルニ於テハ帝国カ之ヲ交戦団体ト承認スルハ国際慣例ニ照ラシ正当ノ措置ト謂フヘシ。

六、帝国ニ於ケル民間有志者ニシテ袁氏排斥ヲ目的トスル支那人ノ活動ニ同情ヲ寄セ金品ヲ融通セムトスルモノアリ、政府ハ公然之ヲ奨励スルノ責任ヲ執ラザルト同時ニ之ヲ黙認スルハ叙上ノ政策ニ適合スルモノナリ。

七、対支方針以上各項ノ通決定シタル上ハ外務省専ラ之ガ実行ヲ調理シ厳ニ行動ノ不統一ヲ防クコトヲ要ス。

つまり、①袁を中国の権力中枢から離脱させること、②機会を待って南軍を交戦団体と承認すること、③各地の反袁運動を内密に援助すること、そしてこれらに関連する事項を執行するに当たり、陸軍の策動によって動くのではなく、外務省の方針が優先されることという内容である。

（2）中国の内政情況の悪化と袁の帝制取消

日本が倒袁政策を決定したという外交情勢の変化は、中国の内政状況の悪化を引き起こすこととなる。日本の排袁方針の決定を知った革命派の孫文らは、「日本の内閣が漸く倒袁政策を決定した。外交情勢がとても良い。山東に駐屯している日本の憲兵警察と交渉連絡済みで、我々の行動に自由便利を与えてくれるはずだ」＊48と居正に伝え、山東での撹乱行動の開始を指示した。

また、南京の馮国璋は、それまで袁世凱の帝制実施に消極的に反対していたが、外交情勢の変化を捉えて、袁に対して病気を理由に二〇日間の休暇を請い、それが却下されると、自分が辞任すると言い出して反発的な行動を見せた＊49。

さらに、西南方面では、広西督軍の陸栄廷が、三月八日に反袁軍事クーデターを起こし、三月一五日に広西省の独立を宣布し、蔡鍔や唐継尭らと共に袁を討伐すると通電した＊50。これにより壊滅状態に陥った蔡鍔は、「陸栄廷による広西独立の件がやっと実現できた。これから陸栄廷と手を組んで、広東に進攻しその機銃弾薬倉庫を占領すれば、今後は弾薬補充ができるようになる。漸く戦局は我にとって有利の方に転じた」＊51と語っているように、雲南反乱軍は窮地から脱したのである。

いっぽう袁側においては、情勢の悪化を目の当たりにして、三月二〇日、倪嗣冲が北京に赴き、袁世凱に対し中国の分裂を避けるためには帝制を取り消し共和制に復帰するほかないと説いた＊52。雲南反乱発生後も、一貫して袁を支持してきた倪の意見には、袁も耳を傾けたのであろう。袁は、三月二一日、徐世昌を国務卿に復任させ、二二日に帝制取消の申令を公布した。袁は「万般ノ罪ハ予一人ニ在リ、今茲ニ帝位承認スルノ件ハ巳ニ取消タルカ故ニ、此上若シ地方ヲ撹乱スルモノアラハ、禍福共ニ自ラ招クモノト言フヘク、本大総統ハ全国統治ノ責ヲ有スルカ故ニ座視スルコト能ハサルナリ」＊53と自ら過ちを認め、時局を挽回しようとした。

では、内政に外交問題が絡み、時局が悪化する情勢の下、袁世凱はどのように考え、帝制取消の決意をしたのか。袁は、「雲南の乱は未だ収っておらず、参謀本部次長（田中義一）がこれを口実に、乱党と連絡を取り擾乱を拡大させようとしている。雲南の乱を蔓延させせないためには、兵を現地に駐屯させ、先ず停戦状態を作るのだ。借款もしなければならい」＊54と記していることから、袁にとっては①日本の援助による擾乱の拡大＝国家分裂への危惧、②財政面の窮屈＝借款問題、という二つの要因が気になる重要な問題であり、それで帝制の取り消しの受け入れを決意したと考えられる。

第四節　帝制取消後の中国の内政状況と日本の倒袁政策

（1）　帝制取消後の中国の内政状況について

三月二六日、袁の帝制取消の公布を受けて、倪嗣冲はもし蔡、唐らがこれ以上袁の退位を要請すれば、それは利を争い権を争うものであり、国家の運命を断とうとするもので国民の公敵と見なすべきだと通電し＊55、その他の北洋派の地方実力督軍らも、袁を擁護することを声明すると同時に、蔡と唐に反乱を直ちに止めるよう呼びかけた＊56。

しかし、前述のように馮国璋は袁に対し反発的な態度をとっていた。また段祺瑞は三月下旬に陸軍総長の名義で、各地方の北洋派督軍宛に、袁世凱の退位に関して、本当の考えを三日以内に内示してもらいたいと秘密電報を送った＊57。これに対し、四月一日、倪嗣冲は、袁世凱の退位について断固として反対すると意見表明し、各地方長官に同調を求めた＊58。

いっぽうの蔡鍔は、三月三一日に一週間の停戦を宣布したが、彼は梁啓超に宛てた電報では「袁は、①戦勝が得られないこと、②外交情勢が緊迫していること、③財政が破綻して世論が沸騰していることなどから、局面を挽回しようとして仕方なく帝制取消を公布した。我々はこの状況に乗じて各省の勢力と連絡して、袁に退位を迫り、黎元洪を大総統の座に据えて選挙のための国会を召集するのだ」＊59と、袁を打倒するまで戦うという考えを伝えた。

ところで、四月の初めの時点において、蔡一派が軍事的になお劣勢にあったことは、蔡鍔が唐継尭に宛てた電報の内容から窺われる。蔡は自分の考えとして「①各方面の情勢からして、今は宣言（新政府成立）するのを急がない、諸外国や各省の動向を見極めてから、決めたほうが宜しい。②雲南督軍と貴州督軍の連名で、袁と北京政府側に対し先ず二、三週間停戦することを約諾する。③停戦期間内において、交渉を持ち掛けて時間を稼ぎながら、増援をはかり弾薬を補充する一方、各省に交渉員を派遣し、袁を討伐するように説く。④広東方面では、より激しい攻撃を続ける。⑤できるだけ速やかに日本から武器及び弾薬を入手し雲南に運輸する。⑥我軍が各方面において敵軍に劣っているのは実際その通りであり、兵士と武器や弾薬の補給が充分に完了することがなければ、守勢から攻勢に転じるのは不可能である。我々にとっては一～二ヶ月間の停戦状態が有利なことである」＊60と、唐に述べている。

そこで、蔡鍔は四月九日に陳宧（四川督軍）の調停を通して、一ヶ月の停戦を実現し＊61、次いで五月七日にさらに一ヶ月の延長すなわち六月六日までに停戦することを協議した＊62。

このように、帝制取消の後の中国の政局は、雲南方面における停戦状態を実現できたにもかかわらず、さらなる混乱が待ち受けているかのようにも見え、帝制移行問題から袁世凱は大総統の地位を引退するか否かの問題に焦点が移っていった。

（２）大隈内閣の倒袁政策について

日本側では、倒袁政策を確定した参謀本部にとって、袁世凱を倒すことは譲れない政策だった。というのも仮に工作が失敗すれば、袁政権が排日政権となるのは確実だったからである。それゆえに参謀本部は軍事介入を考慮しつつも、①南方派の統一、②北方での満州挙事、③山東での革命派挙事、というように、あらゆる反袁勢力の集結を図ることになったことを、波多野勝は指摘している＊63。

これら参謀本部の工作について、田中は、四月下旬頃、山東に駐在する森岡守成（青島守備隊参謀長）に対し「武力解決ニ訴ヘル場合ニ於テ、最有力ナル働キヲ為シ得ル関係ニアルモノハ山東ナリ」と考えて、状況の推移に追随するのではなく、「我ヨリ進ンデ情況ヲ作リ出ス必要アリ」として、この場合において「山東ノ準備」を指示した＊64。また五月下旬頃、田中は青木宣純に宛てた電報では袁を退位させるために南方の威力を増進させるには、日本としては「兵力ヲ使用シテモ其目的ヲ達スルノ覚悟ナカル可ラズ」＊65と述べた。

また、千葉功の指摘によれば、大隈内閣の倒袁政策決定を受けて、三月九日以後、外務省秘密会議が開かれることとなり、閣議に代わって外務省秘密会議が、陸軍・海軍・外務の対中政策すりあわせ機関となったという。そして、外務省秘密会議では、反袁勢力への援助を決定した。南方では岑春煊を中心とし、それに梁啓超を総参謀として、雲南・貴州・広西・広東省をまとめて広東に軍務院をつくらせ、かたや満州では粛親王ら宗社党を中心として清朝復辟の軍を起こさせ、さらに孫文・黄興をして華中に策動させるという方針を立てた。それにもとづいて、北方の宗社党には大倉組より一〇〇万円、南方の岑春煊ならびに孫文・黄興・陳其美には久原（鉱業）より一八〇万円出させることにしたという＊66。

ところで、このように参謀本部によって推し進められた大隈内閣の中国への内政干渉行動に対し、参謀本部以外の陸軍関係者はどのように思っていたのか。

たとえば陸軍省では、大島健一（三月三〇日、陸軍大臣就任）は「支那も日々混乱を増申候、此形勢にては、或は袁の退隠と可相成候、其後始末に就ては機微之駆引を要すること」＊67と、考えており、参謀本部の中国への内政干渉行動を黙認していた。

現地駐在武官では、坂西利八郎が、「我政府ハ無論何等支那内政ニ干渉セサル御方針ナルヘキモ、所謂袁世凱カ政略ノ首領トシテ存在スル事ヲ希望セス、寧ロ彼ノ政治的運命ヲ絶滅スルヲ以テ、我邦将来ノ為ニ利益ナリトノ御方針丈ハ決定致候ヤニ聞及ヒ申候。一気呵成ニ支那ヲ料理シ得ル機会現出セバ、誠ニ愉快ニ候得共、其能否モ只今之処一寸見込相立チ不申候。終始形勢観望ハ由来我邦ノ得意トスル処トシテ、比較的今日迄ハ運好ク経過致シ参リ候得共、袁倒ルレハ如何ニスヘキヤノ方策ヲ確定シ、着々之ヲ行フニアラサレバ又々英米ノ為メニ致サル丶所トナラスヤヲ杞憂仕候」＊68というように、大隈内閣では倒袁政策のみを推進し、袁失脚後の対応方についてまったく検討していないことに対して、懸念を示した。

第五節　袁世凱の失脚について

（1）孫文ら革命派の山東擾乱について

参謀本部は各地反袁勢力との協力を図る。その一つが孫文らによる山東での擾乱に参与したことであった。三月一三日、孫文は居正に山東での撹乱行動の開始を指示した。そして、四月下旬頃、山東の撹乱を拡大させる目的で、青木中将の協力を得て孫文が日本から帰国した＊69と見られる。

山東に於ける革命党の活動に日本が関与しているとの強い印象を、中国側の政府関係者たちは覚えたようである。五月四日、一時帰国した駐日陸公使は坂西に対して、「武装セル土匪数百ヲ公然特別列車ニテ輸送シ、濰県ヲ攻撃シ而カモ貴国軍隊来リテ城門ヲ開クコトヲ要求シ就中其隊長ハ独立宣言ヲ勧告スル等ノコトハ、支那官吏ノ報告トシテ多少誇大ノ点アルヘキモ、大体ニ於テ在青島貴国官憲ノ黙許スルコトニアラサレハ出来サルコトナリ、貴国ハ何ノ必要アリテ斯ル行動ヲナサシムルヤ」＊70と質している。また地方の督軍では、張勲が「日本が革命党と結托し、山東で擾乱を起し我との戦端を開こうとしている」＊71と訴えている。

五月下旬頃、孫文は黄興宛てに送った手紙の中で「共和の目的を達成するには、倒袁の道を選ばなければならない、我々が成功するか否かは倒袁の経過と、それによって形成される局面に係っているのである。今日の政局に鑑み、呉大洲らが既に濰県や周村を占領しているので、山東をして倒袁の軍事基盤とし、直ちに作戦を布置することを可とする。このまま軍事行動を進めて、北方の咽喉を扼えるような態勢を作れば、大局を変えることも難しくないと考える。現地において兵を募って、訓練して二個師団の軍を作ることを考案している。そのための武器購入の件について、既に青木（宣純）と松井（石根）の両氏より援助の約束を得ている」＊72と書いた。

そして、孫は田中義一宛に山東では「一〇余県を占領」したが、この占領地を拡大させるために、「上海駐在の青木将軍に二個師団分の武器を供せられむことを許ひ、将軍も文の意を諒察し、此の計画を賛成し被下され、既に政府に電告せりとの事に御座候（中略）大局の危急甚だ切迫致し候はゞ、願はくば充分なる援助を与へられんことを切に祈り候」＊73というような書簡を送り、日本の参謀本部より武器の援助を懇願したのである。

このように、孫文にとっては、とにかく袁を倒すのが第一の目標であり、それを達成するために手段を選ばなかったのであろう。

しかし、一方の参謀本部からすれば山東は「北方ノ主要交通路タル津浦鉄道ヲ扼スベキ戦略上最重要ナル形勢ニ立チ得ル」地であり、「北方ノ威力ヲ此方面ニ牽制シテ南方ニ有力ナル援助ヲ与ヘ、形勢ヲ逆転セシムルニ最トモ効果アリト信ス。故ニ其成功者ノ孫文派タル等ニ顧慮セズ、大勢ヲ達観シテ速ニ山東ニ充分ナル威力ヲ蓄ヘシムル様考量」しているのであり、特に孫文たちにこだわって応援をしたわけではなかった＊74。

（2）北洋派内部の分裂と袁の失脚

中国の西南方面では、四月に入ると、陸栄廷に軍事攻撃されていた広東省管内は秩序がかなり乱れ、土匪の蜂起による放火惨殺事件が頻発したため、督軍の龍済光が広東の郷紳らの強い要請を受けて、やむを得ず広東省の独立を宣布した*75。これに続いて四月一五日、浙江省が独立した。

このように内政状況が悪化する中、四月一六日、馮国璋は、袁世凱に電報を送り、中央集権制の欠点、すなわち権力が袁の一手に集まることを挙げて、混乱が増している政局を鎮静化するためには、中央集権制の仕組みを見直す必要があるとの意見を述べ*76、暗に袁の退位を求めた。

さらに馮は四月一八日、時局の解決方法としては、元首（袁世凱）の権力を削減し、責任内閣を実行するほかないと訴え、具体的に①袁は大総統の座に残るが、責任内閣制度を実行すること、②国会を開設し議員を選ぶこと、③憲法を定めること、④帝制運動の発動者らを罰すること、⑤各省及び中央の軍隊を再編成すること、⑥各省の将軍巡按使の任命を帝制実施以前に復帰させること、⑦雲南、貴州地方に派遣している軍隊を全員撤退させること、⑧革命党人を赦免することの八か条を提案した。また、馮はこれら提案について認められなかった場合は、その目的を達成するために反抗を起こすと声明し*77、袁に対する反発姿勢をあらわにしたのである。

結局、袁が折れ、事態の鎮静化にむけて、四月二二日に段祺瑞を起用して責任内閣を組閣させた。しかし、四月二六日、西南派蔡鍔らは、袁世凱の大総統の退位を求める声明を発表したのである*78。

四月二九日、倪嗣沖は袁に至急電報を送り、彼の探知によれば湖南督軍湯薌銘が秘密裏に兵を募りクーデターを画策していると報じた*79。湖南の地理的位置からすれば、湯が軍事クーデターを起こすこととなると、袁が雲南、四川方面に派遣した討伐軍の退路が断たれることを意味し、これは袁にとって軍事的な敗北を意味するものであった。

蔡鍔らの声明を受けて、馮国璋は早期に国会を召集して大総統を再選することを主張して*80、袁の退位を促がそうとした。そして馮に呼応したかのように、五月二日、梁啓超は西南の蔡鍔や唐継尭ら宛に電報を送り、「袁は未だ退位の決意表明をしていない、馮国璋が袁の退位を狙う点においては我々と同じだが、彼の手を借りて袁を退位させるためには、我々は袁に対し退位を要求して、より強硬な態度を見せなければならない」と伝えた＊81。

また、黎元洪は馮に宛てた電報の中で「他日若し自分に法的義務を与えられるのであれば、馮将軍と共に奉公勤務することを願っている」＊82と伝えていることから、馮は西南派と協議して黎元洪を大総統に擁立し袁を退位させる工作にまで関与していたのではないかと思われる。

このように、北洋派の重要な一員である馮国璋は、袁の失脚を望んでいたことから、西南反袁派を利用し、袁の退位を謀っていたのである。北洋派内部の分裂について、黎元洪は斎藤季治郎に対して「段祺瑞、馮国璋共ニ飽ク迄袁ヲ擁護セントスルモノニ非サルヤ明カナリ、元来段、馮ノ間ニハ一種ノ内約アリ、馮カ段ノ内意ヲ受ケテ張勲、倪嗣沖等ト結託シテ、八ケ条ノ時局収拾案ヲ標榜シ、未独立ノ各省代表者ヲ南京ニ召集シツヽアルハ、此等ノ後援ニヨリ袁ヲシテ退位ノ余儀ナキニ至ラシメントスル底意ニ外ナラス」＊83と伝えている。

同じ頃、四川督軍陳宧から、袁の退位を要請し且つ袁と個人関係を断絶するという旨の電報が袁世凱の手元に届く＊84。袁にとってみれば、部下中でも最も自分に対し忠誠を誓ってきた陳の反逆は大きなショックであったに違いない。

他方、五月一二日、北京政府国務院が中国銀行と交通銀行の現金兌換停止令を公布し、当局が銀行の警備にあたるため軍警察を大勢出動させた＊85。これは金融市場が壊滅状態に陥ったことを北京政府が認めたものであり、金融恐慌の高まりを示すものであろう。

五月一五日、袁は遂に自ら退位する考えを倪嗣冲に伝えた＊86が、五月二四日、袁は、陳宧らの退位要請に対し大総統申令を以って次のように述べたのである。すなわち「本大総統職ハ全国五族国民ノ選挙スル処ニシテ、其離職ノ次第ハ約法ニ規定スル処、一部軍人ノ要求スヘキニ非ス、此端一旦開ケハ継任ノ大総統ニ対シテモ、何人何時ニ論ナク皆ナ詞ニ藉リ数省軍人ヲ糾合シ兵ヲ挙ケ反抗シ退位ヲ要求シ得ヘク、恐ラク変乱已ムナク必ス墨西哥ト同ク累年争奪ノ惨禍ヲ醸成セン、少ク人心アル愛国者ノ忍ヒサル所ナルヘシ」＊87という。つまり、内乱によって離職はなされるべきものではなく、「約法」に従って離職すべきものであり、要求は認められないことを声明した。

五月二五日、曹如霖は小幡に対し「自分等ハ支那ノ将来ハ袁ノ手腕ニ待ツニアラスンハ、到底平和ヲ期シ治安ヲ保チ能ハスト確信シ居ルヲ以テ、今ニ日本ノ助力ニ依リ目下ノ局面ヲ展開シ袁ヲシテ時局ヲ解決セシメタキ希望ヲ棄ツル能ハサル次第ナルモ、所詮日本ニ於テ袁擁護ノコト不可能ナラハ、寧ロ日本政府ヨリ明白ニ且公然其ノ意思ヲ支那政府ニ通告シ」てもらいたいと求めた＊88。しかし袁世凱は、日本の回答を聞くことなく、六月六日に無念のままにこの世を去った。

第六節　袁世凱の後任問題、死後について

（1）袁の後任問題

一九一六年四月下旬頃、明石元二郎は寺内正毅に宛てた書簡で、中国の時局、取り分け袁の退任とその後任問題について、下記のように意見を述べている＊89。「袁氏ノ退位ハ収拾上必須ノ条件ト存候（中略）四分五裂ノ後収拾正面ニ立ツモノ何人ナルヤハ今ハ寧ロ言明セサルコソ智者ナルヘシ」と語り、「宣統帝其人ヲ推スモノニ候、是其最弱者ニシテ最正理ヲ有シ個人トシテ憎怨ノ念最モ薄キモノナレハ也、其最弱ナルハ寧ロ我ニ有利ナル所歟ト存候、孤影瑩々頼ル処ナキハ即我偉大ナル力ニ頼ラシムルノ道ニシテ所謂中原ノ独国タル張勲馮国璋ノ如キハ寧ロ大ニ宣統ノ復辟ヲ歓迎スヘキ歟ト存候」というように、明石は袁に代わって宣統帝の擁立を考えていたようである。これはむしろ稀

な考え方であった。

というのは、これまでに中国の帝制運動に関係した日本側の当事者は袁世凱の退任・後任問題をめぐって、ほぼ共通して黎元洪の大総統就任を予想し、黎を擁立すべきだという意見を持っていた。

四月二二日、石井外相は日置公使に対し、「黎元洪カ一時大総統ノ地位ヲ占ムルニ至ルヘキハ有リ得ヘキコト」なので、この際、我方に於いては「同人ト密接ナル関係ヲ保チ置クコトハ最モ必要ノコト」だとし、十分黎との連絡を保つようにせよと指示した＊90。つまり、外務省は、袁の後任に黎の大総統就任を予想し、準備に取りかかったのである。

田中義一も、「段・馮、及南方ノ争」いとなるだろうと述べ＊91、日本が取るべき方針としては「約法」に従うこと、つまり副大総統の黎元洪を擁立すべきだという意見であった。

また、斎藤季治郎の場合は、黎元洪について「親日的意嚮ヲ有シ比較的穏健ノ思想ヲ有スル彼ニ援助ヲ与フルハ敢テ我帝国ノ不利ナラサルヘク、而モ彼ヲシテ時局ヲ収拾セシムルニハ、我有力ナル軍隊ヲ北京ニ駐派シテ後援スルニ非サレハ、独リ智識ト財政ノ援助而已ニテハ成功ヲ期セシメ難シト信ス」＊92というように、黎擁立のために知識と財政だけではなく、軍事的な後援も必要だという意見を寄せている。

五月二九日、日置公使は、中国の世論では時局収拾にあたっては、①袁留任説、②宣統復位説、③黎元洪大総統説の三説があがっているが、「袁ヲ政権ノ地位ニ在ラシムルコトハ実際我既定ノ政策ト絶対相容レサル所ノモノ」であり、「袁留任説」は全然選択肢にならないと意見を述べ、日本としては「袁ノ退位ヲ勧告シ黎元洪ヲシテ国会ノ保護新総統ノ選挙等善後ニ必要ナル施設ヲ行フニ足ル丈ケノ権威ヲ保持セシムルニ適当ノ援助」を与えれば適宜だ＊93と意見を述べた。

五月下旬に行われた外務省秘密会議では、外務省の小池張造（政務局長）は、列国共同による袁退位勧告を提案した。その際、袁が勧告に従った場合は黎元洪を一時大総統職に就かせ、日本は北方武断派・中立派（揚子江流域）・南方独立各省の間を調停、各派混合内閣を組織させるとし、逆に袁が勧告に従わず兵乱を起こした場合、列国共同で鎮圧にあたるとしていた＊94。

（2）袁の死後について

袁世凱が亡くなった翌日、坂西は寺内正毅に書簡を送り、「財政之困難非常ニシテ、中国・交通両銀行之兌換停止ハ市面ニ莫大ナル恐慌ヲ来シ、今日只今モ黎ヨリ近侍者ヲ派遣シ三千万ノ借款ニ応スル様尽力頼ムト申参リ候、財政監督ヲ直ニ実行サレテハ困ルナレド、其他ノ条件ナレバ大抵ノ事ハ応スルト言フ、若シ我ニシテ真ニ此機ヲ利用シ、機一転シテ小刀細工ヲ止メ、金融ニ余裕アルヲ以テ我資金ヲ投シ、此利害関係ニヨリテ支那ヲ我ニ余儀ナク結付ケ、其投シタル資金ニ相応（此時局ニ候故十分ナル代償ヲ得ヘクト信シ申候）若クハ以上之権利ヲ以テ支那ニ莅ミ、所謂四億ノ人民ヲシテ、我帝国之力ニヨリ安生楽業之基礎ヲ造リ上ケ得タリト言フ事ヲ知ラシメハ、我ハ事実上支那統治ノ覇権ヲ握リタルニ等シクト存候」＊95と伝えた。

また田中は、「西南派ニ対シ此際日本ノ野心ナキコト丶黎ヲ擁護シ南方ヲ助勢ス可キコトヲ通告シテ、南方ノ代表者ヲシテ速ニ北京ニ至ラシム可キコトヲ勧告シ、且ツ帝国ハ之等人士ヲ保護ス可キコトヲ注意スルト共ニ、帝国ハ支那ニ対シ日支相依ルノ実ヲ挙クルトスルノ外、何等要求スルコトナキヲ声明ス。不取敢旅順ノ歩兵一連隊ヲ天津ニ増加スルノ応急処置ヲ取ル。要スル場合ニハ一師団ヲ天津ニ派遣ス。政府ハ此際大借款ノ準備ヲナス」という内容の対中国政策意見原案を作った＊96。これらの意見が、やがて寺内内閣の援段政策に繋がっていったのであろう。

小括

一九一五年後半から一九一六年三月にかけて、軍令部は竹下勇（軍令部参謀）などの「大陸派」将官が主流となり、参謀本部は上原勇作が参謀総長に、田中義一が参謀次長に、宇垣一成が参謀本部第一部長に、それぞれ返り咲いた。こうして対中強硬政策での軍令部と参謀本部の積極的協力が容易になったと考えられる。さらに当時の日本の中堅軍人たちには、袁を嫌悪する感情的な側面もあった。

一九一五年末に雲南の反乱が勃発すると、現地駐在武官の寺西秀武は参謀本部上層部に対し袁を倒すチャンスであると主張し、そのためには革命党を援助すべきだという意見を送り続けた。そして参謀本部・軍令部は袁世凱政権の打倒とそれにとって代わる親日政権の樹立を目指し始めた。一九一六年一月下旬、大隈内閣の対中政策閣議決定は、参謀本部・軍令部の意向に左右され、彼らの積極的大陸政策の要請を受けての決定という形となった。

一九一六年二月中旬頃、田中義一参謀次長は雲南での反乱に伴う中国情勢の変化を見て、それに介入する必要性を考えるようになった。そこで参謀本部において袁世凱を打倒する政策が決定され、田中は岡陸相に中国への内政干渉に対する政府の方針決定を要請した。また、参謀本部の倒袁政策について、軍令部も関与していたと見られる。結局、大隈内閣は倒袁政策を閣議決定した。

日本の排袁方針の決定という外交情勢の変化に連鎖して、中国の内政では、革命派の孫文らは山東での撹乱行動を開始し、北洋派の馮国璋は袁に対して反発態度をとり始め、西南方面の陸栄廷は反袁軍事クーデターを起こしたのである。時局の悪化に直面した袁世凱は中国の分裂を避けるために、三月下旬に帝制取消の要請を受け入れ時局を挽回しようとしたのである。

四月に入ると、中国の西南方面では広東省、浙江省が相次ぎ独立した。さらに、湖南督軍湯薌銘が軍事クーデターを起したことは、袁にとって軍事面における敗北を意味した。内政状況が悪化する最中、馮国璋は西南反袁派を利用し袁の退位を謀っていた。五月の陳宧の離反は袁に大きなショックを与えた。つまり北洋派の内部は分裂したのである。五月一五日に袁は遂に自ら退位する考えを倪嗣冲に内告したが、その後、袁は内乱によって離職はなされるべきものではないと声明し、最後まで北洋派内部からの退位の要求を認めなかった。この間、日本の倒袁政策においては、参謀本部は袁を倒すことをはかり、孫文らによる山東での擾乱にある程度参与したと見られるが、孫文からの武器の援助というような懇願に対し、応援をしたわけではなかった。

いっぽう、帝制取消後の中国の政局は、雲南方面における停戦状態を実現できたとはいえ、問題の焦点は帝制移行問題から袁世凱の大総統引退の問題に移っていった。中国の帝制運動に関係した日本側の当事者たちは袁世凱の退任・後任問題をめぐって、ほぼ共通して黎元洪の大総統就任を予想した。五月下旬の外務省秘密会議では、小池張造（政務局長）は、列国共同による袁退位勧告を提案したが、これらは袁の退位問題に影響を与えたとは考えにくい。なぜなら、本章で論述してきたように、袁の「失脚」は、北洋派内部の分裂が主な原因であり、日本の倒袁政策決定と中国の内政の動向とが連鎖して、中国の時局は混乱が増していったが、日本の内政干渉そのものが、中国の内政状況を変えたわけではなかったからである。袁が最後まで拒んでいたのは北洋派内部からの「退位」要求であった。

この後の中国は、袁が予言したように、内政・外交問題が起きるたびに、軍人が政治に干渉し、北京政府の大総統の人事が幾度も変わり、中国の近代史における混沌たる時代が始まるのである。その一部の歴史事象については、次章で論述することにする。

＊注

1　斎藤聖二「国防方針第一次改訂の背景―第二次大隈内閣下における陸海軍関係」（『史学雑誌』第九五編第六号、一九八六年、一四頁）。
2 千葉功『旧外交の形成―日本外交一九〇〇～一九一九―』（勁草書房、二〇〇八年）三二五頁。
3 北岡伸一「大戦期における大陸政策と陸軍」（『日本の陸軍と大陸政策―一九〇六～一九一八―』東京大学出版会、一九七八年）など。
4 波多野善大『近代軍閥の研究』河出書房新社、一九七三年。
5 樋口秀実「袁世凱帝政運動をめぐる日中関係」（『國學院雜誌』第一〇八巻第九号、二〇〇七年）。
6 李剣農『戊戌以後三十年中国政治史』（中華書局、一九六五年）、二二一～二二八頁。
7 「雲南唐継尭蔡鍔等為反対袁世凱帝制活動致全国通電（一九一五年一二月下旬頃推定）」（中国第二歴史档案館編『北洋政府档案』全宗三・二八二、第五六冊国務院（二）、中国档案出版社、二〇一〇年、一六八～一六九頁、以下『北洋政府档案』と略記）。
8 一九一五年一二月二五日、雲南唐継尭等有電一件（何智霖編『閻錫山档案―要電録存』第一冊、国史館、二〇〇三年、以下『閻錫山档案―要電録存』一と略記、一九四～一九六頁）。
9 一九一五年一二月二七日、安徽倪将軍感電一件（『閻錫山档案―要電録存』一、二二九～二三〇頁）。
10 一九一五年一二月二七日、南京馮上将軍沁電一件（『閻錫山档案―要電録存』一、二三五頁）。
11 一九一五年一二月二八日、貴陽劉護軍使倹電一件（『閻錫山档案―要電録存』一、二三八～二三九頁）。
12 一九一五年一二月二九日、南京馮上将軍艶電一件（『閻錫山档案―要電録存』一、二五〇頁）。
13 前掲、斎藤聖二「国防方針第一次改訂の背景」二七～二八頁。
14 同右、二九頁。
15 小林道彦「世界大戦と大陸政策の変容」（『日本歴史』第六五六号、一九九四年、五頁）。
16 波多野勝・黒沢文貴・斎藤聖二・櫻井良樹編『海軍の外交官竹下勇日記』（芙蓉書房出版、一九九八年、以下「竹下勇日記」と略記）三二八頁、一九一五年一二月二三日の条。
17 一九一六年一月九日付寺内正毅宛寺西秀武書翰（「寺内正毅関係文書」国会図書館憲政資料室所蔵、以下「寺内文書」と略記、三二〇―一)。
18　一九一六年一月一三日、福田雅太郎宛寺西秀武書簡(山口利昭「浜面又助文書―中国第三革命と参謀本部―」『年報近代日本研究二　近代日本と東アジア』山川出版社、一九八〇年、以下「浜面文書」と略記、二二〇頁)。
19　「竹下勇日記」三三三頁、一九一六年一月一五日の条。
20　「一九一六年一月一五日付田中義一意見書」(「袁世凱帝制計画一件」、外交史料館外務省記録〔松本記録〕1.6.1.509)。海軍の原案は「一、帝国政府ハ支那ニ対シテ帝政ノ延期ヲ勧告セシ主旨ト支那ノ現況トニ鑑ミ、当分帝政承認ヲ与ヘス、其之ヲ与フルノ時期ハ帝国政府之ヲ保留ス。二、帝国ハ第一項ノ主張ヲ以テ、延期勧告ノ関係諸国ニ通知シテ其協同ヲ勧誘ス。然レトモ協同列国ノ去就背向ノ為メニ帝国ノ主張ヲ変更セス。三、帝国承認ヲ与ヘサルノ結果自然ニ生スヘキ局面ニ対シ、必要ト認ムレハ自衛ノ手段ヲ取ルモノトス。四、帝国政府ハ支那ニ於ケル状勢ノ推移ヲ監視シ、暫ク中立的態度ニ在ルヘシ」というものであり、この第三項には海軍側とのやり取りを示す次のような付箋が付されている「海軍ハ第三項ハ我胸中ニ存スヘキ決心ニ属スルカ故ニ之ヲ削除スルヲ可トストノ意見ナリ、陸軍ニ於テモ此海軍ノ意見ニ強テ反対セス」(一九一六年一月一五日付浜面又助意見書原案、「浜面文書」、二二二頁)。
21　「一九一六年一月一九日、貴族院控室において対中政策決定」(「袁世凱帝制計画一件」、外交史料館外務省記録〔松本記録〕1.6.1.509)。
22　韓信夫・范明礼編『中華民国大事記』(第一冊第七巻、中国文史出版社、一九九六年)四一〇~四一一頁、一九一六年一月四日の条。
23　一九一六年一月一八日、在中国日置公使ヨリ石井外務大臣宛電報「帝制宣布ハ此上延期不可能ノ状態ニ在ル旨曹如霖高尾ニ内話ノ件」(外務省編『日本外交文書』大正五年第二冊、一九六七年、以下『外文』五―二と略記、一二~一三頁)。
24　一九一六年一月二三日、北京政事堂統率弁事処漾電一件(『閻錫山档案―要電録存』一、二九〇~二九一頁)。
25　一九一六年二月二三日、在中国日置公使ヨリ石井外務大臣宛電報「帝制延期ノ袁ノ決意ヲ宣明シタル大総統申令発布の件」(『外文』五―一、三三三頁)。

26 一九一六年二月二五日、在中国日置公使ヨリ石井外務大臣宛電報「帝制延期申令発布ノ内情等ニ関スル楊士琦内話報告ノ件」(『外文』五―二、三九頁)。

27 一九一六年二月二一日、在中国日置公使ヨリ石井外務大臣宛電報「袁世凱ニ於テ現下ノ時局ヲ収拾シ得ベキカニ付意見開陳ノ件」(『外文』五―二、三三一〜三三二頁)。

28 一九一六年一月二六日、山県有朋宛有賀長雄書簡(「浜面文書」、二二五〜二二七頁)。

29 「竹下勇日記」三二五頁、一九一六年一月二五日の条。

30 公孫訇『馮国璋年譜』(河北人民出版社、一九八九年、以下「馮国璋年譜」と略記)四七頁、一九一六年一月一五日の条。

31 「一九一六年一月二一日、蔡鍔致唐継尭電」(「松坡軍中遺墨」中国社会科学院近代史研究所編『近代史資料』総第三三号、一九六三年、以下「松坡軍中遺墨」と略記、二八頁)。

32 一九一六年二月一日、福田雅太郎宛寺西秀武書簡(「浜面文書」、二三〇頁)。

33 一九一六年二月七日、上原勇作宛寺西秀武書簡(「浜面文書」、二三三頁)。

34 一九一六年二月一九日、上原勇作宛寺西秀武書簡(「浜面文書」、二三七頁)。

35 李良玉編『倪嗣冲年譜』(黄山書社、二〇一〇年、以下「倪嗣冲年譜」と略記)一一四頁、三月三日の条。

36 一九一六年三月二日、官軍克復江安捷報(『北洋政府档案』全宗三・一、第四七冊大総統府軍事処一、六九二〜六九三頁)。一九一六年三月一四日、南渓捷報(同右、六九四〜六五〇頁)。

37 「一九一六年三月八日、蔡鍔致李曰垓何国鈞函」(雲南社会科学院歴史研究所・貴州省社会科学院歴史研究所編『護国文献(上)』貴州人民出版社、一九八五年、三三九頁)。

38 「一九一六年三月一一日、蔡鍔致李曰垓函」(同右、三四〇〜三四一頁)。

39 「一九一六年三月二日、蔡鍔致唐継尭等電」(「松坡軍中遺墨」、二九〜三〇頁)。

40 一九一六年二月一三日付寺内正毅宛田中義一書翰「寺内文書」、三一五―四九。

41 一九一六年(二月か)二一日、岡市之助宛田中義一書簡(「岡市之助宛関係文書」国会図書館憲政資料室所蔵、以下「岡文書」

と略記、七―一〇）。
42 「竹下勇日記」、三二八頁、一九一六年二月一七日の条。
43 原奎一郎編『原敬日記』（第四巻、福村出版、一九六五〜六七年、以下「原敬日記」と略記）一六一頁、一九一六年三月三日の条。
44 一九一六年（三月か）一日、岡市之助宛田中義一書簡、「岡文書」七―一三。
45 「原敬日記」、一六一頁、一九一六年三月三日の条。
46 前掲、小林道彦「世界大戦と大陸政策の変容」九頁。
47 一九一六年三月七日総理官邸ニ於テ閣議決定「袁世凱ノ権威失墜其他中国ノ時局ニ鑑ミ日本ノ執ルベキ方針ハ中国ノ優勢勢力確立ニ在ルコト及之ガ実現ノ政策決定ノ件」（『外文』五―二、四五〜四六頁）。
48 一九一六年三月一三日、孫文復居正函（中国社会科学院近代史研究所中華民国史研究室・中山大学歴史系孫中山研究室・広東社会科学院歴史研究室編『孫中山全集』第三巻、中華書局、一九八四年、以下『孫中山全集』三と略記、二四八頁）。
49 「馮国璋年譜」、四八頁、一九一六年二月二七日の条。同、一九一六年三月二日の条。
50 一九一六年三月一五日、広西陸督軍咸電一件（『閻錫山档案―要電録存』一、三〇七頁）。
51 「一九一六年三月一一日、蔡鍔致李日垓函」（前掲、『護国文献（上）』三四〇〜三四一頁）。
52 「倪嗣冲年譜」、一一五頁、一九一六年三月二〇日の条。
53 一九一六年三月二二日、在中国日置公使ヨリ石井外務大臣宛電報「三月二二日付帝制取消ノ申令公布セラレタル件」（『外文』五―二、五四頁）。
54 一九一六年三月下旬頃（推定）、袁世凱の肉筆メモ（天津歴史博物館蔵、北洋軍閥史料編委会編『北洋軍閥史料・袁世凱巻二』天津古籍出版社、一九九二年、四二二頁）。
55 一九一六年三月二六日、倪嗣冲致北京政事堂等電一件（李良玉・陳雷編『倪嗣冲函電集』中国社会科学文献出版社、二〇一一年、二六五〜二六六頁）。

56　一九一六年三月二九日、川辺劉鎮守使通電一件（『北洋政府档案』全宗三・二六、第四八冊大総統府軍事処二、二五～二九頁）。一九一六年三月二九日、太原閻将軍通電一件（同右、三〇～三二頁）。一九一六年三月三〇日、開封趙将軍等通電一件（同右、三二～三三頁）。一九一六年三月三〇日、上海楊護軍使薫副使通電一件（同右、三四～三五頁）。
57　「倪嗣冲年譜」、一一七頁、一九一六年三月三一日の条。
58　同右、一九一六年四月一日の条。
59　「一九一六年三月三一日、蔡鍔致梁啓超電」（「松坡軍中遺墨」、三一頁）。
60　「一九一六年四月三日、蔡鍔致唐継尭等電」（「松坡軍中遺墨」、三四頁）。
61　一九一六年四月九日、北京統率弁事処泰電一件（『閻錫山档案―要電録存』一、三三三頁）。
62　前掲、『中華民国大事記』四二九頁、五月七日の条。
63　波多野勝『近代東アジアの政治変動と日本の外交』（慶応通信、一九九五年）二三三頁。
64　一九一六年（四月下旬頃と推定）、森岡守成宛田中義一電報原稿、「浜面文書」、二五三頁。
65　一九一六年（五月二〇日頃と推定）、青木宣純宛田中義一電報案、「浜面文書」、二五五～二五六頁。
66　前掲、千葉功『旧外交の形成』三二二～三二三頁。
67　一九一六年四月一九日付寺内正毅宛大島健一書翰、「寺内文書」二二八―三二。なお、この史料の引用にあたっては、仮名の表記を平仮名に統一した。
68　一九一六年四月一四日付寺内正毅宛坂西利八郎書翰、「寺内文書」二四―一一。
69　一九一六年四月二四日、孫文致漢口革命党人電（『孫中山全集』三、二七八頁）。一九一六年四月二六日、孫文致漢口革命党人電（同右、二八〇頁）。
70　一九一六年五月七日、在北京坂西陸軍大佐ヨリ田中参謀次長宛電報「山東ニ於ケル革命党ノ活動ニ関シ陸公使談話ノ件」（『外文』五―二、一一四頁）。
71　一九一六年五月六日、（袁世凱）収張勲等電（『北洋政府档案』全宗三・二八二、第五六冊国務院二一、三三六～三三七頁）。

72　一九一六年五月二〇日、孫文致黄興函（『孫中山全集』三、二八七〜二八八頁）。
73　一九一六年五月二四日、田中義一宛孫文書簡（「浜面文書」、二五七〜二五八頁）。
74　一九一六年六月三日、（田中義一）井戸川辰三宛電報案（「浜面文書」、二五九頁）。
75　一九一六年四月八日、北京統率弁事処霽電一件（『閻錫山档案―要電録存』一、三三二〜三三三頁）。一九一六年四月一六日、北京統率弁事処諫電一件（同右、三三八〜三三九頁）。
76　「馮国璋年譜」、五一頁、一九一六年四月一六日の条。
77　一九一六年四月一八日、南京馮上将軍巧電一件（『閻錫山档案―要電録存』一、三四一〜三四三頁）。
78　一九一六年四月二六日、肇慶蔡総司令等宥電一件（『閻錫山档案―要電録存』一、三六一頁）。
79　「一九一六年四月二九日、倪嗣冲致袁世凱密電」（前掲、『倪嗣冲函電集』二六八頁）。
80　一九一六年五月一日、南京馮上将軍東電一件（『閻錫山档案―要電録存』一、三六七頁）。
81　「一九一六年五月二日、梁啓超致蔡鍔唐継尭等電」（前掲、『護国文献（上）』二二一頁）。
82　「一九一六年五月一〇日、黎元洪致馮国璋電稿」（「黎元洪未刊信電稿」、中国社会科学院近代史研究所編『近代史資料』総第九三号、一九九八年、九五頁）。
83　一九一六年五月二二日、在北京公使館付武官斎藤季治郎より参謀総長上原勇作宛、「黎元洪訪問談話ノ要領」（「袁世凱帝制計画一件、反袁動乱及各地状況」第一六巻、外交史料館外務省記録 1.6.1.75-1-16）。
84　一九一六年五月四日、成都陳将軍華密支電一件（『閻錫山档案―要電録存』一、三七二〜三七三頁）。
85　前掲、『中華民国大事記』四三〇頁、五月一二日の条。
86　「倪嗣冲年譜」、一二〇頁、一九一六年五月一五日の条。
87　一九一六年五月二六日、在中国特命全権公使日置益より外務大臣石井菊次郎宛、「四川将軍陳宧ノ態度ニ関スル件」（「袁世凱帝制計画一件、反袁動乱及各地状況」第一六巻、外交史料館外務省記録 1.6.1.75-1-16）。
88　一九一六年五月二六日、在中国日置公使ヨリ石井外務大臣宛電報「曹如霖ノ小幡ニ対スル内談ニ於テ若シ日本ガ袁氏ノ退位又ハ宣統復辟ヲ希望スルナラバ率直ニ其儀申出サレ度キ旨ヲ述ベタル件」(『外文』五―一、七四頁)。

89 一九一六年四月二五日付寺内正毅宛明石元二郎書翰、「寺内文書」六―六四。

90 一九一六年四月二二日、石井外務大臣ヨリ在中国日置公使宛電報「次ノ大総統ト目サルル黎元洪トノ密接関係保持方訓令ノ件」(『外文』五―二、六三頁)。

91 一九一六年(五月上旬推定)、寺内正毅宛田中義一書翰、「寺内文書」三一五―五二。

92 一九一六年五月二二日、在北京公使館付武官斎藤季治郎より参謀総長上原勇作宛、「黎元洪訪問談話ノ要領」(「袁世凱帝制計画一件、反袁動乱及各地状況」第一六巻、外交史料館外務省記録 1.6.1.75-1-16)。

93 一九一六年五月二九日、在中国日置公使ヨリ石井外務大臣宛電報「袁氏引退勧告後ノ中国時局解決ニハ黎元洪起用ノ外ナキコト及関係列国ノ右解決ニ干与ノ範囲程度並引退後ノ袁氏ニ対スル措置等ニ付詳細稟申ノ件」(『外文』五―二、七八〜七九頁)。

94 前掲、波多野勝『近代東アジアの政治変動と日本の外交』二四八頁。前掲、千葉功『旧外交の形成』三二八頁。

95 一九一六年六月七日付寺内正毅宛坂西利八郎書翰、「寺内文書」二四―一二。

96 「対支那意見草稿(一九一六年六月七日、田中義一)」(「浜面文書」、二五九〜二六〇頁)。

第四章
中国の参戦問題と日中外交

はじめに

本章は、「寺内内閣・段政権」（一九一六年〜一九一七年）期における中国の参戦問題をめぐる外交交渉が中国国内政治における権力闘争、特に段祺瑞と黎元洪との抗争とどのような関係にあったのか、そしてその動向が日本の対中政策、特に寺内内閣の援段政策の進展にどのような影響を与えたか、ということを明らかにすることを目的としている。

この問題については、中国史の側から数多くの研究がなされている。しかし、それは軍閥の対立や総統府と国務院の争いなどを焦点とし、段祺瑞政権を批判する論調で書かれたものが圧倒的である。近年ようやく北京政府の参戦外交を高く評価しようとするものが、出現するようになった。たとえば王建朗の研究では、北京政府の参戦のプロセスが分析され、参戦によって、中国がはじめて利権の回復を可能にしたことが着目されている*1。

参戦問題と日中関係については、北京政府の財政困窮の側面を重視して、段政権の参戦と日本からの援助との関係について考察したもの（陳剣敏）や、日本の対中政策が中国の参戦問題に及ぼした影響という視点で研究されたもの（呉彤）がある*2。しかし、これらの研究において、中国側の史料を用いて日本の政策や意図を論証していることや、中国史の視座で中国の参戦問題における日本の存在を単純化していることが、大きな問題点である。

なお、民国外交史のアプローチで丹念な一次史料調査を通して、外交の「自立性」を強調し、北京政府の国権回復を目指した外交を考察した研究（川島真）＊3、膨大な「外交部档案」を基礎に「北洋修約外交」の歩みを整理し、多元的な視角で民国外交史を解釈すべきであると提言した研究（唐啓華）＊4は、特筆に値する。

いっぽう、日本史の側でも、寺内正毅内閣期の日中外交について多くの先行研究が蓄積されている。寺内内閣の援段政策については、大隈重信内閣期の対華二一か条要求で獲得された権益に着手することを意味していた＊5ことや、「援助」という名の傀儡化政策に過ぎない＊6ことなどが、主に強調されてきた。これらの研究は、日本から見た対中政策という枠内に留まっており、その実証において、日本を主体に、中国を客体としてのみ扱う傾向が見られる。

以上のように、第一次世界大戦期における中国の参戦問題について、日中両国に研究蓄積は大量にあるものの、両国の史料の突き合せが十分にされていないという欠点が残っている。また中国の参戦問題をめぐる日中間交渉と中国の国内政治の変動との関係に注目して考察した研究は、決して多くないように思われる。

本章では以上のような研究状況をふまえて、両国の史料を照らし合わせながら、日本側においては援段政策（具体的には西原借款）がどのようにして本格化したのか、そのプロセスと中国における政界変動の関係を見、またその中で、中国側においては日本の援段政策を、どの政治勢力がどんな目的で、どのように受け入れ、利用したのかを考察し、この両国の相互変化を踏まえて、日中関係にもたらされた影響を導き出そうとするものである。

第一節　段祺瑞政権の登場と寺内内閣の対中政策の転換

（1）段祺瑞政権の登場

中国では、一九一五年夏から始まった帝制運動の展開によって、袁世凱政権内部の分裂が表面化し、やがて反袁派の蔡鍔らの画策によって内戦が起こり、袁はその側近である馮国璋や段祺瑞との関係を一時的に悪化させ、内外における反袁・反帝制運動による神経性疲労に尿毒症を併発して一九一六年六月六日、病死した。

袁が急死した後の北京政府北洋派にとっては、まずは南北の対立戦争状態を食い止め、統一した中国での中央政権を維持することが最優先の課題であった。そもそも一九一六年五月、袁が帝制を取り消した後も、西南（広東・広西・雲南）革命派勢力は、いわゆる「護国戦争」を継続していた。その目的は、袁を大総統の座から駆逐し代わって黎元洪を大総統に擁立すること、そして旧国会を復活させることであった＊7。そのため、袁が亡くなった後、段祺瑞や徐世昌をはじめとする北京政府北洋派は、西南派政治勢力に対し、一時的に譲歩策を取っていたと考えられる。

それは、北京政府が、六月六日に国務院の名義で、黎元洪の中華民国臨時大総統就任の公電を発した＊8後、六月二九日の大総統申令をもって、旧国会及び「臨時約法」を復活させ、袁世凱時代の国務卿職を破棄させ、段祺瑞を国務総理に任命し組閣を命じたことや＊9、段によって任命された閣員が、西南派の人脈によって大半を占められている＊10ことからもわかる。

また国務総理に就任した段は、多数の北洋系実力派勢力から支持を得たものの、決して指導的な存在ではなかった。そのため段は、その政治基盤である北洋派における指導力の向上も目指さなければならなかった。段は組閣してまもなく、各地方の督軍、省長を任命した＊11が、北方及び揚子江地域においては、実際に権力を握る督軍に妥協し、袁時代の北洋派の地方政治勢力の構図をそのまま維持することしかできなかった。また西南地方においては、事実上反袁派勢力による統治を余儀なく認めさせられた。

それについて斎藤季治郎公使館付武官は、大総統の座についた黎が「不日南方首領ヲ召集シテ諮問シタル上、国会ヲ開設シ内閣ヲ組織セントスル」意向であり、「段内閣ハ過渡ノ時代ニ於ケル一時的ナモノナルコト」と観察・評価していた*12。いわゆる「府院の対立」は根深いものであった*13。

このように、段政権の政府運営には、諸勢力の考え方の違いから対立の要素が潜んでおり、さらに「袁世凱之死去黎元洪之継任ニ付支那一般之風評ハ先以テ好良ニシテ不兌換令之廃止等直チニ実行セラルベク期待致居候、然ルニ実況ハ国庫甚敷欠乏シ、塩税剰余金之如キモ約三百三四十万円之小額ニテ、此比較的兌換可能ナル中国銀行ノ兌換スラ尚ホ四五百万円之補充ヲ要シ、交通銀行ニ至テハ余程之巨額ヲ準備スルニ非サレバ兌換不可能ノ状況ニ有之候」*14と斎藤が観察したように、北京政府の財政は深刻な状況であった*15。むろん、前代清王朝から継承されてきた不平等条約の改正という国家の存立に関わる課題も残ったままであった。従って袁（大総統）という中心的な存在を失った北京政府にとって、国家の統一を保ち、国内情勢を安定させることは一層難しい課題となった。

（2）寺内内閣の対中政策の転換

日本では、一九一五年末より、袁政権への対応をめぐって支配層の対中政策は分裂していた。政府・陸軍・与党党人派は南方派・宗社党を支援し、中央政府の弱体化政策＝倒袁政策を展開した。山県有朋・寺内正毅・後藤新平らはこれに反対していた。そしてこの後者のグループが一九一六年一〇月九日に成立した寺内内閣の対中政策を担っていくことになった。たとえば寺内内閣の対中政策に大きな影響を及ぼすこととなる西原亀三は、袁の死去を知ったとき、「支那大総統袁世凱他界ノ報アリ、吾外交ノ殆ト行詰ノ現状ニ於テ此事アリ、実ニ天佑ト申可歟」と日記に記している*16。超然内閣として発足した寺内内閣は、各方面から対中政策の刷新を要求されていた中で、翌一九一七年一月九日、閣議で日中親善を図るための対中政策を決定した。それは、大隈内閣の対中国干渉・排袁・南方派援助政策から不干渉政策への転換を標榜するもので、実質的には援段政策に転換する布石であった。

第二節　中国の対独断交問題をめぐって

（1）中国の対独抗議と日本の対応

一九一七年一月三一日、ドイツは無制限に潜水艦攻撃を再開する旨を通告し、大きな衝撃をアメリカに与え、アメリカはすぐに抗議した。二月三日、アメリカは、対独国交断絶を通告し、同時に中立国に対し同様の措置を取ることを勧告した。そして二月四日、ラインシュ（Paul S.Reinsch）駐華アメリカ公使は、北京政府に対し参戦の要請をする。北京政府はこれを受けて二月九日にドイツに抗議声明を発し、国交断絶の下地をつくった＊17。

段は、今後参戦するには、隣国日本の協力なしには難しいと認識したのであろう。日本に好意を示すため、抗議声明発表より一時間前に、その旨を日本政府に通知するよう章宗祥（駐日公使）に命じた＊18。ついで章に、「我国ハ日本ト同シク東亜ニ処スルヲ以テ、若シ独国ニ対シテ国交ヲ断絶スレバ、即チ啻ニ日本ト同一ノ態度ヲ取ルノミナラズ、此後一切ノ進行ハ誠意打合スルニ非ザレバ相互連絡ノ効ヲ収ムル能ハズ、希クハ外務省ヲ訪問シ、万一支独国交断絶ノ挙ニ対シテ日本政府カ如何ナル意見アルヤ」を問い合わせて速やかにその詳細を報告せよと、打電したのである＊19。

いっぽう日本では、中国の対独断交を支持する旨を二月九日の閣議で決め、日本は「進ンテ連合国ニ提議シ、支那ヲシテ前顕ノ措置ヲ執ラシムルコトヲ努ムル」との方針を決定した＊20。そこで、一二日に本野一郎外相は章に対し、中独国交断絶に関して北京政府より「協議アリ次第帝国政府ニ於テハ誠意ヲ以テ十分ノ助力ト助言トヲ与フヘキ」用意があると告げ＊21、寺内内閣の「誠意」を段と北京政府に伝えようとしたのである。

（2）中国が対独断交する場合の代償交渉について

段政権は、国務総理の権力を高めようとして、七月二八日に、責任内閣制度を目指し、「元首の命令について国務総理の副署名がないものは無効であることや、すべての大総統の職権について必ず国務院を経由して実施しなければならない」ことなどを条文に定め、各政府機関に伝達した＊22。

いっぽう、一九一六年七月の議会再開以後、段政権と議会との関係は悪かった。すなわち、外交部総長に当初は唐紹儀が任命されたが、これには北洋派督軍らの反対が強く、結局、唐の就任には至らなかった。ついで段は陸徴祥を外交部総長に任命しようとしたが、衆議院において否決された。そこで段は汪大燮を推薦したところ、また否決されたのである＊23。結局、外交部総長には西南派勢力に擁立された伍廷芳が就任することになる。また、政府内においても、孫洪伊（内務部総長）と徐樹錚（国務院秘書庁秘書長）との間の対立紛糾が起こり、その終息は全くつかず、孫が一一月二〇日に、徐が二二日に免職されるという事態に発展してしまった＊24。

このように、段と議会との対立、そして国務院と総統府との摩擦がしだいに表面化してきたのである。この内政状況の下で、二月中旬以後、対独断交・参戦という外交課題が出現した。段政権にしてみれば、これは、議会の解散ないし弱体化を図り、黎とその後ろ盾である西南派勢力への圧迫を強化する絶好のチャンスとなるものであった。

二月一三日、段と北京政府は章宗祥に打電し、中国が参戦する代償として、賠償金の支払延期と関税の引き上げを希望するが、これについて、日本から連合国側に提案してくれるよう打診することを訓令した。二月一五日に章は本野を訪ねた＊25。同じ頃、曹汝霖（交通部総長）は、日本公使館を訪れ、芳沢謙吉駐華臨時代理公使に対し、今後、中独国交断絶を実行する場合には、「日本ト腹蔵ナク協議ヲナス」必要があると語り、中国の「重大ナル問題ハ財政ノ点」にあるが、中国としては、これ以上借款を重ねることを避けたいので、「協定税率引上方」に関して、日本からの協力を得たいとの希望を出したのである＊26。

他方、二月一一日、西原亀三が、寺内の指示より、上京を要請され本野と会談した。西原は、中国が「連合国加盟」の場合、①団匪賠償金支払い延期の件、②独・墺国賠償金解消保証の件、③関税案の一定額引上の件、④参戦費調達の件などに対して、日本は斡旋しかつ引き受けることについて、本野の了解を得ようとした＊27。そして北京に赴いた西原は、二月一〇日に曹汝霖に面会し、中国がドイツに対し宣戦を布告すれば、日本は、中国が「負担セル北清事変賠償金約二億円ヲ講和条約ニ於テ破棄セシメ、現在関税ヲ既製品七分五厘未成品五分ニ引上ケ、而テ綿花羊毛鉄其他二三種ノ輸出税ヲ廃止シ、且一〇ヶ年ヲ期シ特別整理ヲ約シ、一ヶ年内ニ直隷山東奉天三省ニ税制改正ニ着手スル旨」を約束する件について、進んで列国に提議し、その目的を実現するために努力すると談じた＊28。

結局、段政権は、この西原の提案を受け入れ、それらの条件を、中国が宣戦決定前に日本より「適当ナル方法ニテ言明セラルル」＊29ことを求めることを、寺内内閣に伝達するよう西原に頼んだのである。

ところで、日本の主導下で連合国との交渉を行うことを望む日本の意向に背いて、段と北京政府は、二六日にイギリスに対し戦後の講和会議に中国政府の参加を認めること、義和団事件賠償金支払を延期すること、フランスに対し戦争終了まで賠償金支払延期、関税の引き上げ、中国軍隊の専管居留地通過を許可することを、対独断交の条件として要請した＊30。これは、参戦問題を機会に利権回復を図ろうとしたものである。関税の引き上げ問題は、袁政権期に既に関係列強に提起していたものであり、つまり、段政権は袁政権期の外交課題を継承し、今回の対独断交の代償交渉において、再度この問題を連合国側に提起したのである。

さて、中国側が章駐日公使を通じて正式に日本側に参戦に関する要求を提出したのは、三月八日である。その覚書は次のようなものであった。①義和団事件賠償金のうち、独・墺側分は撤廃し、協約国側のものは一〇ヶ年間償還延期し、一〇年後に本来の金額に照らし別に利息を加えないことを希望する、②輸入関税を即時五割増徴し、関税価額表改正後七分五厘を徴収し、釐金撤廃後は、一割二分五厘まで増加することを希望する、③天津周辺の二〇支里以内または公使館付近及び鉄道沿線における駐兵禁止の義和団協定を解除することを希望する、そして最後に、中国側の協約国側に対して負う義務は、物資供給と労働者の派遣に止める＊31。

これらの希望条件に接した寺内内閣は、中国側の要求は過当であると判断し、三月一二日に修正案として、①義和団事件賠償金の支払いは欧州戦争終了まで延期すること、②輸入関税の改訂は現実五分まで主義上同意すること、③欧州戦争中、一時的に中国軍隊の天津二〇支里以内の出入に同意すること、この三点を閣議で決定した。なお①と②については、中国がドイツに対し宣戦してから実行するという方針を公表した＊32。

（3）中国の対独国交断絶をめぐって

三月四日、段は国務院の決議をもって、黎大総統に対してドイツとの国交断絶を申し入れたところ、黎に拒否され、黎と段とは決定的な対立に至り、段は辞表を提出して天津に去った＊33。段が辞職したその日に、范源濂（教育部総長兼内務部総長）は黎に対する不満を表明し反発行動を起こしたため、政府は機能しなくなってしまった。黎は五日の夜、馮国璋、徐世昌、王士珍の三人を招請し、徐に総理職で、王に陸軍部総長職で臨時内閣を組織させたいという考えを内談したが、徐と王は口を揃えて断固として拒んだ＊34。そこで黎は、段の退出後、参・衆両院議員を招き断交問題について相談したところ、彼らも断交に賛成する意見を表明したという＊35。そのため、黎が折れ外交のことはすべて段総理に任せることを承諾し、その結果、馮の勧告により、三月六日に段の復職が実現した。三月一四日、段内閣は議会の賛同を得たのち、大総統布告で対独国交断絶を通告したのである＊36。

さて、段と北京政府は、対独断交の後、ドイツに対する義和団賠償金返還の停止を発表し、ドイツの在華権益の回収に動き出した。そして八月の対独宣戦布告により、ドイツの天津と漢口の租界を接収し、ドイツの津浦鉄道管理権を回収し、さらにドイツの上海、厦門、広州での船舶を収監した。このように利権回収の第一歩として、北京政府はドイツからの利権回収に成功し、不平等条約の束縛から抜け出すための扉を開いたのである＊37。

さらに、段と北京政府は、対独断交の翌週に「中国在留独国人ノ帰国保護弁法」を定め、各地方官宛てにこれを伝達し、ドイツ僑民の保護や国際法に基づいてドイツ軍人を処遇することを訓令した＊38。これまで北京政府は、国際社会に参入してはいたものの、国際社会に対等な文明国として参加することが困難であった。今回の対独断交という外交事件をきっかけに、北京政府は国際社会に対し文明国としての地位を高めようとしたのである。

第三節　中国の参戦問題と段政権の内政政策

（1）参戦問題をめぐる北洋派の「団結力」

参戦問題は段にとってみれば、将来戦時下の名のもとに新軍を編成し、自ら指揮できる軍の育成が可能になり、政治基盤を固められるチャンスであった＊39。さらに、段は「臨時国際政務評議会」を組織し、評議会で検討すべき外交関係事項として、①国内居住ドイツ人の処置、②協商国に対し提出すべき条件、③華工招募の件、④物資供給の件、⑤関税改正の件、⑥パリ経済同盟条文、⑦講和大会中の各問題を挙げて、これらについて、「国務総理ヲ経テ関係各部ニ向ヒ随時折合ハセノ為専員ノ特派ヲ請求スルコトヲ得」ること、検討の結果を「総理ヨリ採択ノ上、主管衙門ニ命シテ施行セシム」ことを定めた＊40。

このように、段は参戦問題という外交課題を、地方に対する中央政府としての正当性調達資源にすることによって、国内情勢の安定、地方政府に対する実効支配能力の向上を図ろうとしていたのであろう。そのために、段は参戦政策を進めていく。

さて、段の参戦方針について、北洋派内部では徐世昌が賛同しており、さらに関係者では曹汝霖や陸宗輿（交通銀行股東会長）らを中心とする交通系グループが支持していた。また外交官では、対等的な文明国の立場を示すために「参戦の由を各国元首宛てに洋文の国電で通達すべき」との意見*41を寄せるものもいれば、「戦後の競争」*42あるいは「戦後山東の解決問題」*43を予見して対策を提案するものもいた。彼らは、中国の国際地位の向上ないし利権の回復を狙って、政府の参戦政策を応援していたのである。いっぽう、議会政党では、梁啓超（進歩党党首）が最も積極的に参戦を支持していた*44。

このような段の参戦方針に賛成するグループに対抗して、黎は新聞を通して「参戦が中国にとって投機的なもので、政府は冒険的な行動に出るべきではない」と表明した*45。また在野の孫文らは議会に対し政府の参戦政策を極力阻止するよう呼びかけた*46。これら西南派の参戦反対に呼応するかのように、馬君武ら三〇〇余人が、連署で各省の督軍・省長、議会、商会宛てに、「参戦となると隣の強国日本は必ず口実を設けて内政干渉をしてくる、国権が侵害されることになる」など、参戦する場合の危険を挙げて、参戦反対を煽った*47。日本側には、孫文らが「尚依然支独国交断絶ニ対シ不満ナルノミナラス、更ニ協商国ニ加入問題モ起ルニ至ラハ、再ヒ反抗ヲ敢テスヘキ気勢」を示しているという情報が伝えられた*48。

また、参戦＝出兵と一般に認識されたため、北洋派勢力の中でも、反対ないし中立維持を主張する声が少なくなかった。すなわち、張勲（安徽督軍）は参戦に反対する立場を表明しており、倪嗣冲（安徽省長）は参戦に反対し中立を維持すべきであるという意見を発表していた*49。また、馮国璋は慎重主義を保持し意見表明をしておらず、各政治勢力の動きを静観している有様であったため、北洋派中枢部においては意見の統一には至らなかった*50。

このような状況下、段は参戦の意義について、各省の督軍宛てに次のように訴えた。「まず関税の引き上げの実現と義和団事件賠償金の返還延期によって、中央財政の窮迫状況を緩和でき、一部の利権を回収できる。しかし、参戦と言っても、実際に担う義務は労働者の派遣と物資の供給のみであり、決して徴兵などによる内乱の心配はない。さらに、隣国日本のように連合国側に軍需品を提供し、それに関わる商工業を盛んにさせることを倣うべきである」*51と。また、段は欧戦の趨勢からすれば「抗議後ノ第二歩第三歩アルハ勢ノ免ル能ハサル所」であり、この際「協約国ハ我ト已ニ接近ノ機会」にあるので、それに乗じて、「外交上ノ多年ノ希望ヲ解決」すべきであると主張したという*52。このように、段は参戦外交という外交政策の正当性を宣伝し、各政治勢力からの支持を求めようとした。

さて、段の参戦方針に対して各方面より反対の声が上がるのを耳にした黎大総統は、それに対抗する姿勢を示した。四月に入ると、段は、「反対派ガ現内閣ヲ顚覆セントノ魂胆ヨリ極力各方面ニ於テ運動」しており、「民党黎派側ハ事毎ニ現内閣ニ反対シテ其顚覆」を企てていると認識するようになったという*53。この局面を打開するために、段は四月中旬に「各省長官ノ対独宣戦反対者中ノ主ナルモノヲ北京ニ招キ逐一懐柔スル」策に出て、彼らに対し外交上の問題を会議するので上京するように召電したという*54。今回の会議は、表では参戦問題を討議するためとされたが、裏では黎を駆逐し徐世昌を大総統に擁立することを画策するためのものであると政界関係者は推察した*55。

段の主催で、四月二五日に各省督軍代表会議が北京で開かれた。段の説得により、倪嗣冲は率先して参戦を支持するようになり、先頭に立って参加の督軍代表に参戦を支持するよう呼びかけた。会議の結果、参加者は賛成多数で参戦支持する声明を発表した*56。

では、なぜ倪は参戦反対から参戦支持に転じたのか。おそらく倪は、反対派が黎を擁立し段内閣を倒そうとしていると見て、段内閣が崩壊し代わって西南派勢力による組閣がなされることを懸念していたためであろう*57。倪は参戦を支持することによって、外交問題を内政問題に転嫁し、早期に国会を解散させ、黎を大総統の座から駆逐することを狙うようになったのであると考えられる。倪は日本の駐在武官に対しても「革命起リテ共和ノ政体トナリ今日ノ如ク擾乱絶エサル情況」となってしまったことを憤り、「危険思想ヲ排除」したいと語っている*58。このような倪の発言からも、彼の参戦支持の背後には、特に内政状況の観点からの配慮があったことがわかる。

またこの頃、馮（副大総統）も「ロシア革命の影響により対独参戦への支障が少なかったことや、アメリカはすでに参戦していることなどの国際情勢を挙げて、もし中国が対独開戦という時勢に逆らえば、戦後における国際地位は失われる恐れがある」と唱えて＊59、外交政策については政府の方針に従うと意見表示した＊60。このようにして、参戦外交をめぐる北洋派各勢力の意見が一致し、段による北洋派の統一が明確に見えてきたのである。しかし北洋派の統一ができたのは、倪のように国内政治状況をめぐる西南革命派への対抗意識が濃厚であったことによろう。

（2）参戦問題をめぐる府院の対立の激化と日本の対応

さて前述のように、段と北京政府側の参戦代償要求に対し、寺内内閣はそれを過当であると判断し、大幅な修正案を決議した。この政府の修正案については、林権助（駐華公使）が強く反対していた。彼は、三月中旬以後、連日のように本野に打電し、中国の代償要求に応じるように強く求めた。すなわち、中国が提出した関税改訂などの代償要求は、もともと西原が曹汝霖及び梁啓超を経て段に対し申し入れた結果に他ならない。しかも「西原ノ申入レハ同人東京出発ノ際ニ於ケル閣下ノ御内諾ニ基クモノ」である＊61。西原の申し入れと大きく異なる提議をなすことは、中国にとってみれば、日本政府に欺かれているということになるのではないだろうか。中国政府に対する日本政府の「威信或ハ地ヲ払ヒ我国支那政策遂行上大蹉跌ヲ来ス」のみならず、日本政府の「中外ニ対スル信用ニ多大ノ累ヲ及ホス」恐れもある＊62。中国国内に参戦反対の動きもあることから、「本件ヲ此ノ儘放擲シテ成行ニ委センカ、其ノ累ノ及ブ所或ハ総選挙ノ比ニアラザルベキヲ虞ル」＊63と、林は注意を促した。しかしこの要望に対して本野は、西原の言動は「何等カノ誤解ニ基クモノ」であると回答した＊64。

この頃の中国では、憲法の改訂と対独宣戦をめぐる府院の対立がまさに山場を迎えていた。黎（総統府側）と段（国務院側）の間の溝は深くなるいっぽうであった。内閣と国会の間はさらに「氷炭相容れず」の関係になっていた。

郵便はがき

料金受取人払郵便

本郷局承認

7277

差出有効期間
平成28年1月
15日まで

1138790

（受取人）

東京都文京区本郷 3-3-13
ウィークお茶の水2階

㈱芙蓉書房出版 行

ご購入書店

（　　　　区市町村）

お求めの動機
1. 広告を見て（紙誌名　　　　）　2. 書店で見て
3. 書評を見て（紙誌名　　　　）　4. DM を見て
5. その他

■小社の最新図書目録をご希望ですか？（希望する　しない）

■小社の今後の出版物についてのご希望をお書き下さい。

愛読者カード

ご購入ありがとうございました。ご意見をお聞かせ下さい。なお、ご記入頂いた個人情報については、小社刊行図書のご案内以外には使用致しません。

◎書名

◎お名前

年齢（　　　　歳）
ご職業

◎ご住所　〒

（TEL　　　　　　）

◎ご意見、ご感想

★小社図書注文書（このハガキをご利用下さい）

書名	円	冊
書名	円	冊

①書店経由希望 （指定書店名を記入して下さい） 書店　　　店 （　　　区市町村）	②直接送本希望 送料をご負担頂きます お買上金額合計（本体） 2500円まで……290円 5000円まで……340円 5001円以上……無料

それゆえ当時、一方では国会解散の風説が飛び交い、他方では倒閣運動が起きていた*65。このような中国情勢の中、曹汝霖は出淵勝次公使館一等書記官を訪ね、日本政府において、段内閣を擁護する見地から「当面ノ問題タル加入関連条件ニ対シ速ニ満足ナル回答」を与えるよう希望した*66。その際に、加入代償問題について、日本一国だけで意見を表示することは困難だろうが、「好意的援助ナル抽象的意向」でも良いので、「非公式方法ニテモ斯クノ如キ事ニハ同意スヘシト言明セラレムコト」*67を切望すると伝えた。

四月六日に、日本外務省は林に対し、中国の参戦報償問題交渉に関する政府の態度について、下記のように回訓した。すなわち、参戦問題が中国の内部政争の具となっているとすれば、中国の希望条件に大きな譲歩をするぐらいでは、容易に中国を参戦させることはできないだろう。「如何ナル譲歩ヲ為スモ、段反対派ハ種々ノ口実ヲ設ケ之ヲ排斥スヘシト予測セラル」ので、先に「日英両国ノ議ヲ纏メ、其上ニテ仏露ヲシテ之ニ賛成セシメ然ル」後に中国側と会議すること*68にしたいというものであった。

四月一八日、曹汝霖は督軍会議の召集について日本公使館を訪ね内話した。段総理はこの会議で対独宣戦問題を決定した後に、国会に対して承認を求めるつもりで、万一議会がこれを否決する場合は国会を解散するくらいの決心はしているが、黎大総統が「依然左右ノ為ニ籠絡セラレ事毎ニ段ニ反対スルコト」が困難の原因であるから、もし「日英仏露ノ四国公使ニ於テ、大総統ニ対シ親シク勧告ヲ試ミラルルコトヲ得ハ、極メテ有利ナル結果」*69をもたらすであろう。つまり曹は林に、日本からの黎大総統側への勧告を求めたのである。

その結果、一貫して段政権を支持してきた林は、単独で勧告行動を取ったのである。彼は、まず伍廷芳（外交部総長）と会談を行い、目下「中国国内秩序の維持は重要であって、政府の外交政策に対し国会からの賛成が得られることを深く望む、そうすれば厄介な事が起きないで済むだろう」と談じた*70。そして五月三日に黎と会見し、議会が参戦案を否決するようなことがあれば紛擾の危険があると警告した。また「紛擾トハ辺境ニ於ケル軽妙ノモノ」を意味するのではなく、「更ニ大ナル紛擾ノ発生ヲ恐ルル」と、北京政府内の紛擾、つまり政変を招く虞れのあることを述べた*71。しかしこの林の行動は、この頃、日本が山東半島処分問題に対する意向を明確にしていなかったため、彼の意図とは異なり、別の反応を引き起こすこととなった。中国の政治家の間では、日本の働きかけに対する懸念が起こった。つまり林の勧告が「もし中国で不幸にして内乱が発生すれば、日本は必ず出兵して干渉してくる」ことを警告したものであるとも受け止められ、その噂が広まった*72。

第四節　段祺瑞の罷免について

参戦案は北京で五月一〇日に衆議院に上呈されたが、当日参戦を主張する公民請願団など数千名の「群衆」が議会を包囲し、参戦案の即時通過を要求し、もし否決するならば、政府は国会を解散するべきだと主張した。いわゆる「公民団事件」を起こしたのである。これは、実際には段の側近達（傅良佐ら）がうまくやろうとして、かえってまずい結果をもたらした事件であったが、西南派内閣閣員らは、これに反発して一斉に辞職した*73。さらに、五月一七日の衆議院会議で、宋龍ら国会議員は、真っ先に段を非難し、参戦問題をめぐって、段と日本との間に密約が結ばれているのではないかと問い質した*74。

このように、段と議会の対立が極まり、参戦反対派や議会が段を包囲攻撃しているような情勢となった。五月二三日に至って、黎は勝算があると見て、遂に段の国務総理兼陸軍部総長職を罷免し、代わって伍廷芳外交部総長を代理国務総理に命じた*75。段は天津に退去するにあたり、大総統の免職令には国務総理の副署名が無いので無効であり、以後中央の命令および京師の秩序には責任を負わないと各省に通電し、府院の対立は最悪の状態となった。

いっぽう、五月二八日、黎による段の罷免を懸念していた倪嗣冲は、王士珍に対し、「黎が段を罷免すること」に反対するよう求めると同時に、黎の招請で組閣に応じた李経義に対し国務総理就任を辞するよう求めた＊76。また倪は、各省督軍に対し、国会は民党に利用され国家を危うくするため、黎（大総統）政権から独立するように呼びかけた＊77。そして五月二九日に、倪は先頭に立って安徽省の独立を宣布し、即日その率いる兵を北上させた＊78。これに続いて、河南・浙江・山東・奉天などの各省が独立を宣布した。段は、天津に独立した各省による「軍務総参謀処」の設立を企てており、時局は黎一派に日々不利になっていった＊79。

日本では五月三〇日、寺内は「支那ヨリ段氏失脚後、李経義氏総理タリシモ、就任ニイタラス、稍騒擾ノ気味アリ可憂慮」＊80と日記に記した。

第五節　張勲の復辟について

黎は、この事態を収拾すべく有力督軍の張勲を招請し、調停を求めた。六月七日、張は歩・馬・砲兵隊計一〇営（馬隊一営二五〇人、歩・砲隊一営五〇〇人）を率いて徐州を出発し、八日に天津に到着した＊81。張は軍を北京に入城させ、自分は天津に留まり、地方の北洋系実力派と呼応して、黎に国会を解散することを要求し、もし国会を解散しなければ、兵を北上させると恫喝した＊82。

ここに至って、黎はもはや選択の余地なく、一二日に江朝宗（歩軍統領衙門統領）に、代理国務総理の名義で副署名してもらい、国会解散令を発したのである＊83。窮地に立たされた黎は、新内閣組閣のため、六月下旬、元老で実力者である張謇に対し農商部総長職での入閣を求めたが、謝絶された。また李経義は、地方実力派（趙爾巽、厳復、汪大燮、湯化龍）にも政治援助を求めたが、いずれも断られた。これは黎と李の政治基盤の弱さを物語っている＊84。

さて、張勲は七月一日、持論であった復辟、すなわち清朝復活を突如断行した。黎は驚き、南京の馮国璋をはじめ全国各方面の党派、実力者宛てに電報を発して、「共和の危亡」を救うために、出兵して復辟の討伐をするように求めた*85。一方の段は天津で、国務総理の名義で各省の衙門宛てに、「黎大総統が国務を執行することができず、大総統選挙法第五条第二項に基づき、七月六日付けで副大総統が代理する」と布告した*86。

段は討伐軍総司令の名で檄文を発表し、張を国民の公敵として攻撃した。復辟派はすぐに敗れ、張はオランダ公使館に亡命した*87。段は一四日に入京し一七日に再組閣をした。新段内閣では、段が国務総理兼陸軍部総長となり、参戦を支持する梁啓超や曹汝霖らが閣員に任命された*88。このようにして段は、張勳の手を借りて国会を解散させ、復辟という内政上の政変を討伐することを通じて、黎一派を駆逐することに成功したのである。

七月二〇日、林権助は寺内内閣に対し、今回成立された「段内閣ハ北洋派及進歩党系ノ有力者ヲ網羅シ、馮国璋モ不日入京シテ大総統ヲ継任シ、且徐世昌モ十分協力スヘキモノ」であることが疑いなく、日本政府において「現ニ相当鞏固ナル基礎ノ上ニ成立セル正当政府タル段内閣ニ対シ、正当ナル援助ヲ与フル見地ヨリシテ、借款乃至兵器ノ供給上十分好意的考慮ヲ払フハ勿論、各般ノ施政改善策上ニモ出来得ル限リノ助力」を与えることが得策であると上申した*89。

八月一日、馮が南京から北京に入って、大総統代理の職に就いた。八月三日、馮は段祺瑞宅を訪れ、二人で食事しながら対独開戦手続き問題について検討した。食事の後、馮・段二人で、徐世昌宅、王士珍宅を訪れた*90。このように参戦問題をきっかけに、北洋派の内部では、袁世凱死後の未曾有の「一致団結」が現出し、八月一四日、北京政府は正式に独・墺に宣戦布告した。一方の林公使は、北京政府に照会文を送り、「この際、本国政府は両国の友好関係の緊密化を図るべく、中国に国際利権を与えられるように尽力することについては確信している」と述べた*91。ここには林の「日中友好」にかける真摯な思いが表れている。

連合国側は九月八日付で、①義和団事件賠償金の五ヶ年延期、独・墺の賠償金の永久廃棄、②輸入税率の現実五分への引き上げ、③中国軍隊の天津保留地域内への出入許可などについて、承諾する旨を北京政府に通告した。半年余りにわたった中国の参戦問題はここに一段落した。

小括

さて、本章を、「はじめに」で述べた問題意識に基づきまとめると以下のようになる。

段祺瑞政権は中国の参戦問題において、袁世凱政権期の外交課題を継承し、対独断交・参戦問題を機会と捉え、外交策略を講じて利権の回復を図ろうとしていた。また国際社会に対し文明国としての地位を高めようとした。このように、第一次世界大戦期における段祺瑞政権の参戦外交については、評価に値するものである。

いっぽう本章では、中国の参戦問題をめぐる日中間交渉と中国の国内政治の変動との関係を描いた。すなわち、段政権と議会との対立、そして総統府との摩擦が増した中国の内政情勢の下で、一九一七年二月中旬以後、対独断交・参戦という外交課題が処理されたのである。段政権には、この機会を利用し、参戦問題という外交課題を地方に対する中央政府としての正当性調達資源にすることによって、国内情勢の安定を図ろうとする側面があった。そして、中国の参戦外交問題が国内政局に絡んだ結果、西南反対派に対抗するために、北洋派の統一路線が形成され、北洋派内部では、袁世凱死後の「一致団結」が一時的に出現した。しかし本章で明らかにしたように、段は国内の反対勢力に対し、抑制しきれなかっただけではなく、自分自身が罷免される局面に陥ることさえあった。つまり、段政権では、参戦問題という外交課題を内政の掌握のためにうまく利用できなかったのである。

また、段と北京政府は、参戦問題を機会に利権回復を図ろうとして、対独断交の代償交渉において、多くの希望条件を日本に提出し、また関係列強にも要求を提起していた。しかし国内政局では、段の参戦外交に対抗して、孫文ら西南派勢力は、参戦反対を訴えていた。これに呼応して、黎と総統府側は段の参戦外交に対抗する姿勢を示した。このような内政状況に左右された段政権は、参戦問題をめぐって、しだいに日本からの「声援」を要望するようになり、黎大総統側へ日本からの参戦の勧告を求めるようになったのである。

日本側の寺内内閣では、段と北京政府側の参戦代償要求に対し、それを過当であると判断し、三月に大幅な修正案を決議した。これに対して林駐華公使が強く反対し中国の代償要求に応じるように求めたが、参戦問題が中国の内部政争の具となっている以上、中国の希望条件に大きな譲歩をするぐらいでは、容易に段を参戦させることはできないと、寺内内閣は判断した。そのため、寺内内閣は中国の参戦問題に対し、四月から七月にかけて「不干渉」ないし列強との協同行動方針をとった。

しかし、中国では、七月に起きた内政上の政変によって、国内の政局が一転した。黎一派は中央政府から駆逐され、段政権の政治基盤は固められたかのように見えた。このような中国の国内政治の動向に関係して、一貫して段政権を支持してきた林権助公使は、寺内内閣に対して段政権に全面的な援助を与えることが、日本にとって得策であると上申したのである。これにより、日本の援段政策は確固たるものになったと考えられる。

参戦外交をめぐって、北京政府は自らの政権基盤を強化しようとし、様々な混乱があったものの、段による一時的な収束が、日本側から見れば段政権の確立と理解され、寺内内閣の援段政策は本格化したのである。しかし、これは結果的に誤解であり、その後の日中関係の混迷に繋がったのであろう。

ところで、八月下旬以後、孫文は、西南派勢力を網羅して広東で軍政府を樹立し、「護法」を訴えて北京（中央）政府打倒運動を起こした。中国は再び南北対立の局面に陥る。

また、馮国璋（大総統）が八月の北京赴任に先立って、自分の後任として部下である李純（江西督軍）を江蘇督軍の座に据え、江西督軍に腹心の陳光遠を充て、同時に王占元（湖北督軍）と同盟提携を結んだ。こうして馮は、揚子江の中下流域に広がる商工業繁栄地区を自分の政治勢力基盤として固めた。また馮は、暗に西南派勢力と通じ、自身の政治勢力を常に有利になるように導き、有事の際には漁夫の利を占めることを計算していた。

いっぽう段祺瑞（国務院総理）は、段芝貴を京畿警備総司令、傅良佐（陸軍部次長）を湖南督軍、呉光新を長江上流司令部司令に任じ、自ら陸軍部総長を兼職して、陸軍部次長に側近の徐樹錚を充てた。このように、以前にもまして段と馮との間の暗闘は高まっていった。

他方、寺内内閣の援段政策は、九月に交通銀行二千万円借款が実行され、以後数回にわたり、総額一億四五〇〇万円にものぼった「西原借款」が段政権に与えられていった。日本の財政援助が得られた段は、やがて武力による中国南北の統一を図っていったが、それは挫折に終わり、以後中国は、統一できる強力な中央政権は一九二七年まで現れず、南北の対立と、それに派閥内の対立が交錯する混沌たる状態に陥るのである。

＊注

1 王建朗「北京政府参戦問題再考察」（『近代史研究』二〇〇五年第四期）。

2 陳剣敏「段祺瑞力主中国参加一戦縁由新探」（『安徽史学』二〇〇一年第四期）、呉彤「中国参加一戦與日本的関係」（『西南大学学報』二〇〇八年第五期）。

3 川島真『中国近代外交の形成』（名古屋大学出版会、二〇〇四年）。

4 唐啓華『被廃除不平等条約遮蔽的北洋修約史』（社会科学文献出版社、二〇一〇年）。

5 臼井勝美『日本と中国―大正時代―』（原書房、一九七二年）、北岡伸一『日本の陸軍と大陸政策―一九〇六―一九一八―』（東京大学出版会、一九七八年）。

6 斎藤聖二「寺内内閣と西原亀三―対中国政策の初期段階―」（『国際政治』第七五号、一九八三年）、同「寺内内閣における援段政策確立の経緯」（同右、第八三号、一九八六年）。

7　西南反袁派は、一九一六年五月、袁を駆逐し黎を大総統に擁立することを通電した（「唐継堯等恭承黎元洪継任大総統電一件」、中国第二歴史档案館編『中華民国史档案資料匯編第三輯・政治』江蘇古籍出版社、一九九一年、一一一七～一一一八頁、以下『民国档案』三―政治と略記）。

8　「一九一六年六月六日、外交部通告駐京各国公使、大総統因病去職遵照約法以副総統代行職権由」（中央研究院近代史研究所档案館所蔵北洋政府外交部档案、以下「外交档案」と略記、03-41-003-01-010）。

9　『政府公報・命令』第一七五号、一九一六年六月三〇日。

10　劉寿林編『民国職官年表』（中華書局、一九九五年）九二頁。

11　『政府公報・命令』第一八二号、一九一六年七月七日。

12　一九一六年六月九日、在華斎藤武官より参謀総長宛、極秘七四号（「各国内政関係雑纂　支那ノ部」第六巻、外交史料館外務省記録1.6.1.4-2）なお、黎が西南派に対し国事を相談するため、その代表の上京を要請したことについて、この頃の孫文より黎宛ての電報の内容から判明する（一九一六年六月一九日、孫文致黎元洪電一件、中国社会科学院近代史研究所中華民国史研究室・中山大学歴史系孫中山研究室・広東社会科学院歴史研究室編『孫中山全集』第三巻、中華書局、一九八四年、以下『孫中山全集』と略記、三二〇頁、一九一六年六月二三日、孫文致黎元洪電一件、同右、三一二頁）。

13　北京政府における総統府側と国務院側との対立についての研究は、汪朝光「北京政治的常態和異態―関於黎元洪與段祺瑞府院之争的研究」（『中国近代史』中国人民大学書報資料中心、二〇〇七年一〇月）が挙げられる。

14　一九一六年六月一二日付寺内正毅宛斎藤季治郎書翰、「寺内正毅関係文書」国立国会図書館憲政資料室所蔵、二六一―四。

15　「民国財政紀要（一九一六年四月）」（中国第二歴史档案館編『中華民国史档案資料匯編第三輯・財政』江蘇古籍出版社、一九九一年、一三八～一七四頁）。

16　山本四郎編『西原亀三日記』（京都女子大学、一九八三年）一二九頁、一九一六年六月七日の条。

17　一九一七年二月一〇日、北京国務院（各省督軍・省長等宛）佳電一件（何智霖編『閻錫山档案―要電録存』第二冊、国史館、二〇〇三年、三頁、以下『閻錫山档案―要電録存』二と略記）。

18　一九一七年二月九日、外交部発駐日本章公使電一件「(「外交档案」03-36-024-05-029)。
19　章宗祥「東京之三年」(中国社会科学院近代史研究所編『近代史資料』総第三八号、一九七九年、以下「東京之三年」と略記、二六頁)。一九一七年二月一〇日、在本邦中国公使館ヨリ外務省宛「中独国交断絶ノ挙ニ対シ日本政府ノ意向問合方ノ訓電提示ノ件」(外務省編『日本外交文書』大正六年第三冊、一九六八年、二三七〜二三八頁、以下『外文』六―三と略記)。この章の回顧にある記述が日本外務省記録に収められている「国務院来電（中国語原文）」の内容と略一致していることから、章の回顧についての信憑性はかなり高いと考えられる。
20　一九一七年二月九日、閣議決定「中独国交断絶ニ関スル米国ノ対中国勧誘支持ノ件」(『外文』六―三、二二七頁)。
21　「東京之三年」、二六頁。一九一七年二月一二日、本野外務大臣ヨリ在中国芳沢臨時代理公使宛電報「章中国公使ヨリ中独国交断絶ニ関スル日本政府ノ意見ヲ承知シ度旨正式ニ申出ノ件」(『外文』六―三、二四三頁)。
22　「財務部総務庁機要科転送国務院権限節略致泉幣司移」(『民国档案』三―政治、一一三二〜一一三四頁)。
23　「一九一六年一〇月三日、衆議院否決陸徴祥為外交総長復大総統咨」(『民国档案』三―政治、一一三六頁)。「一九一六年一〇月一七日、衆議院否決汪大燮為外交総長復大総統咨」(同右、一一三七頁)。
24　張国淦「段祺瑞内閣」(中国社会科学院近代史研究所編『近代史資料』総第四〇号、一九七九年、一七六〜一七七頁)。
25　「東京之三年」、二七頁。
26　一九一七年二月一四日、在中国芳沢臨時代理公使ヨリ本野外務大臣宛電報「対独国交断絶後ノ中国財政救済ノ為協定税率引上ニ日本ノ協助ヲ得度旨曹汝霖来談ノ件」(『外文』六―三、二五二頁)。
27　前掲、『西原日記』一八三〜一八四頁、一九一七年二月一一日の条。
28　同右、一八五頁、一九一七年二月一七日の条。この話の旨が直ちに段に伝わっていたことが、二一日付けの西原の日記から判明する。
29　一九一七年二月二四日、西原亀三（北京出張中）ヨリ本野外務大臣宛電報「中国側ヨリ対独宣戦決定前財政救済ニ付日本政府ノ保障要請ノ件」(『外文』六―三、二八四頁)。

30　一九一七年二月二六日、在本邦英国大使ヨリ本野外務大臣宛「中独断交条件トシテ中国政府ヨリ提出セラレタル要請ニ関シ英国政府ヨリ在中国同国代理公使宛電訓通報竝右ニ対スル日本政府ノ見解表明方懇請ノ件」（同右、二八九〜二九三頁）。

31　「東京之三年」、三二一〜三三三頁。一九一七年三月八日、在本邦中国公使ヨリ本野外務大臣宛「中独断交ノ機会ニ於テ中国ノ財政援助ヲ日本政府ニ要請スベキ旨国務院ヨリ在本邦中国公使宛電訓提示ノ件、附属書—節略（中国語原文）」（『外文』六—三、三四五頁）。

32　一九一七年三月一三日、本野外務大臣ヨリ在中国林公使宛電報「中国政府ノ財政援助要請覚書ニ対スル回答閣議決定内報ノ件」（『外文』六—三、三六五頁）。

33　一九一七年三月五日、駐墨西哥国特命全権公使収外交部来電一件（「外交档案」03-12-007-03-001）。

34　「馮国璋擬中徳絶交始末及其利害意見書稿（一九一七年三月一八日）」（『民国档案』三—政治、一一七二頁）。

35　一九一七年三月五日、在中国芳沢臨時代理公使ヨリ本野外務大臣宛電報「段国務総理天津行ノ事情ニ関スル件（四）」（『外文』六—三、三二二頁）。

36　衆議院は賛成三三一票反対八七票、参議院は賛成一五八票反対三五票であった（一九一七年三月一三日、駐墨西哥国特命全権公使収国務院来電一件「外交档案」03-12-007-03-005）。

37　このような北京政府の第一次世界大戦への参戦に対する歴史的評価は、川島真（前掲、『中国近代外交の形成』二五〇頁）と唐啓華（前掲、『被廃除不平等条約遮蔽的北洋修約史』六六頁）に提示されている。

38　「北京政府関於中徳国交断絶後収回徳国在華権利処置辦法附件内、中徳国交断絶後対於在留中国境内之徳国現役軍人（軍属及義勇隊包括在内）之処置」（中国第二歴史档案館編『北洋政府档案』全宗四・二一〇、第七八冊外交部六、中国档案出版社、二〇一〇年、一四三〜一四六頁、以下『北洋政府档案』と略記）。北京政府が国際法に準拠して対応を行ったことは、駐華使節の報告を通じて列強国に伝えられた（一九一七年三月二〇日、在中国林公使ヨリ本野外務大臣宛「出境及在留独逸人保護取締ニ関スル弁法制定ノ件」、『外文』六—三、三九一〜三九四頁）。

39　張国淦（当時の国務院秘書庁秘書長）の回顧によるもの（中国社会科学院近代史研究所編『北洋軍閥—一九一二〜一九二八—』

第三巻、武漢出版社、一九九〇年、七六頁)。
40 「臨時国際政務評議会章程」(一九一七年三月一四日付、在華林公使より本野外務大臣宛報告付属書「米独国交断絶ニ伴フ支那ノ対独態度一件」、外交史料館外務省記録〔松本記録〕1.2.1.33)。
41 一九一七年六月四日、外交部収駐義王公使電一件(「外交档案」03-36-013-04-003)。
42 一九一七年七月二五日、外交部収駐法胡公使電一件(「外交档案」03-36-013-04-020)。
43 「顔恵慶函陳対於欧戦之意見由(一九一七年七月一六日)」(「外交档案」03-36-013-04-015)。
44 丁文江・趙豊田編『梁啓超年譜長編』(第八冊、上海人民出版社、一九八三年)八〇六～八〇七頁。
45 「大総統対於時局之方針」(『中華新報』上海、一九一七年三月三日)。
46 一九一七年(二月末頃と推定)、孫文致北京参議院衆議院電一件(『孫中山全集』第四巻、一九八五年、一八～一九頁)。
47 一九一七年三月一日、北京国会議員馬君武等(各省督軍・省長等宛)倹電一件「與徳断交加入協約国無利可図而種種禍害不可勝言」(『閻錫山档案―要電録存』一、一〇～一一頁)。
48 一九一七年三月二日、在上海有吉総領事より本野外務大臣宛、第五六号(「米独国交断絶ニ伴フ支那ノ対独態度一件」、外交史料館外務省記録〔松本記録〕1.2.1.33)。
49 一九一七年三月一五日、倪嗣冲致黎元洪等電一件(李良玉・陳雷編『倪嗣冲函電集』中国社会科学文献出版社、二〇一一年、二九七頁)。
50 一九一七年三月三日、北京馮副総統段総理王総長(各省督軍宛)蕭電一件(『閻錫山档案―要電録存』一、一二頁)。
51 天津歴史博物館蔵、北洋軍閥史料編輯委員会編『北洋軍閥史料・黎元洪巻八』(天津古籍出版社、一九九二年)二三八～二三九頁。
52 一九一七年三月一七日、在華林公使より本野外務大臣宛、第三七〇号(「米独国交断絶ニ伴フ支那ノ対独態度一件」、外交史料館外務省記録〔松本記録〕1.2.1.33)。
53 一九一七年四月一日、在中国林公使ヨリ本野外務大臣宛電報「中国対独宣戦問題ニ関スル同国政府反対派ノ態度等ニ付段総理ト

船津書記官会談ノ件」(『外文』六―三、四二七頁)。
54 一九一七年四月一二日、在天津支那駐屯軍司令官より参謀総長宛、第九四号(「各国内政関係雑纂、支那ノ部」第一〇巻、外交史料館外務省記録 1.6.1.4-2)。
55 一九一七年四月一一日、商衍瀛致張勲函一件(「張勲蔵札」、中国科学院近代史研究所編『近代史資料』総第三五号、一九六六年、三六〜三七頁、以下「張勲蔵札」と略記)。
56 一九一七年四月二六日、北京国務院陸軍部参謀部(各省督軍宛)有電一件(『閻錫山档案―要電録存』二、二八頁)。
57 倪は張勲宛ての手紙(一九一七年、月日不明)の中で、革命党側が元首を利用して、内閣を倒す狙いがあるように見える、段内閣が倒され、徐世昌が組閣に応じない場合、岑春煊によって組閣されるだろうと述べた(「張勲蔵札」、三七〜三八頁)。
58 一九一七年四月二〇日、在天津支那駐屯軍司令官より参謀総長宛、第二号(「各国内政関係雑纂、支那ノ部」第一〇巻、外交史料館外務省記録 1.6.1.4-2)。
59 一九一七年四月一一日、馮国璋致各省(督軍・省長等宛)真電一件(「馮国璋往来函電」、中国社会科学院近代史研究所編『近代史資料』総第四〇号、一九七九年、六四〜六五頁)。
60 公孫訇『馮国璋年譜』(河北人民出版社、一九八九年)八四頁、一九一七年四月一五日の条。
61 一九一七年三月一七日、在中国林公使ヨリ本野外務大臣宛電報「日本政府ノ中国関税改訂率ニ関スル決定再議方禀請ノ件」(『外文』六―三、三八七〜三八八頁)。
62 一九一七年三月二二日、在華林公使より本野外務大臣宛、第四〇八号(「米独国交断絶ニ伴フ支那ノ対独態度一件」、外交史料館外務省記録〔松本記録〕1.2.1.33)。
63 一九一七年三月二三日、在華林公使より本野外務大臣宛、第四一〇号(「米独国交断絶ニ伴フ支那ノ対独態度一件」、外交史料館外務省記録〔松本記録〕1.2.1.33)。
64 一九一七年三月二一日、本野外務大臣より在華林公使宛、第二五一号(「米独国交断絶ニ伴フ支那ノ対独態度一件」、外交史料館外務省記録〔松本記録〕1.2.1.33)。

65　前掲、『梁啓超年譜長編』八二三頁。
66　一九一七年四月一日、在中国林公使ヨリ本野外務大臣宛電報「中国ノ連合側加入報償問題ニ関スル出淵書記官曹汝霖トノ会談ニ付報告ノ件」(『外文』六―三、四二四頁)。
67　一九一七年四月四日、在中国林公使ヨリ本野外務大臣宛「中国ノ希望条件其他同国ノ政治財政等ニ関シ曹汝霖ノ出淵書記官ニ対シ為シタル談話報告ノ件（附属書）、曹汝霖会談録」(同右、四三一頁)。
68　一九一七年四月六日、本野外務大臣ヨリ在中国林公使宛電報「中国ノ参戦報償問題交渉方法ニ関スル日本政府ノ態度ニ付回訓ノ件」(同右、四四一頁)。
69　一九一七年四月一八日、在中国林公使ヨリ本野外務大臣宛電報「中国軍事会議召集ニ関シ曹汝霖ノ船津書記官ニ対スル内話報告ノ件」(同右、四五四頁)。
70　「一九一七年五月四日、外交部収総長会晤日本公使問答一件、対徳宣戦事」(「外交档案」03-36-013-03-013)。
71　一九一七年三月一三日、在華林公使より本野外務大臣宛、第四一〇号（「米独国交断絶ニ伴フ支那ノ対独態度一件」、外交史料館外務省記録〔松本記録〕1.2.1.33)。
72　前掲、『梁啓超年譜長編』八一九頁。
73　前掲、張国淦「段祺瑞内閣」、一八一～一八二頁。
74　「宋龍等就対徳宣戦有無與隣邦秘密結約問題向政府提出質問書（一九一七年五月一七日）」(『民国档案』三―政治、一一九三頁)。
75　一九一七年五月二三日、北京公府秘書庁（各省督軍・省長等宛）漾電一件（『閻錫山档案―要電録存』二、三三三頁)。
76　李良玉編『倪嗣冲年譜』(黄山書社、二〇一〇年）一五七頁、一九一七年五月二八日の条。
77　一九一七年五月二八日、蚌埠倪省長（各省督軍宛）勘電一件（『閻錫山档案―要電録存』二、三九頁)。
78　一九一七年五月二九日、蚌埠倪嗣冲（各省督軍・省長等宛）通電一件（前掲、『北洋軍閥―一九一二～一九二八―』一一五頁)。
79　韓信夫・范明礼編『中華民国大事記』(第一冊第七巻、中国文史出版社、一九九六年）四七九～四八〇頁。
80　山本四郎編『寺内正毅日記』(京都女子大学、一九八〇年）七四七頁、一九一七年五月三〇日の条。

81 一九一七年六月一〇日、蚌埠倪省長（各省督軍・省長等宛）佳電一件（『閻錫山档案―要電録存』二、一九三頁）。
82 張作霖発の電報で、「この際、我々の目的は暴走化している国会の解散、憲法の改訂、内閣の改組であり、これを達成すれば、張勲が兵を引いて事態の解決になるが、さもなければ、兵を北上させる」と伝えている（一九一七年六月七日、張作霖致各方通電一件、『北洋政府档案』全宗三・二九七、第五七冊国務院三、三五六～三五七頁）。
83 一九一七年六月一二日、江朝宗代総理（各省督軍・省長等宛）通電一件（『民国档案』三―政治、一二二六頁）。
84 「張謇與黎元洪等往来電数件」（中国科学院近代史研究所編『近代史資料』総第一一四号、二〇〇六年、一〇八～一一〇頁）。
85 この電報の宛名に、段芝泉（祺瑞）の名前はあったが、肩書きがなく、「先生（様）」と称され、しかも旅団長や在野党派の名前の後に並べられている（一九一七年七月六日、黎元洪致副総統馮国璋及各方通電一件、『北洋政府档案』全宗三・二六、第四八冊大総統府軍事処二、一五三～一五七頁）。
86 一九一七年七月一〇日、段祺瑞致各省衙門電一件「馮国璋於七月六日代理大総統就職布告」（同右、三二一頁）。
87 一九一七年七月一四日、北京段司令曹司令等（各省督軍・省長等宛）元電一件（『閻錫山档案―要電録存』二、六四六頁）。
88 前掲、『民国職官年表』九五頁。
89 一九一七年七月二〇日、在中国林公使ヨリ本野外務大臣宛電報「我政府ノ対中国方針ニ関シ意見稟申ノ件」（外務省編『日本外交文書』大正六年第二冊、一九六八年、九八頁）。
90 前掲、『馮国璋年譜』一〇七頁、一九一七年八月三日の条。
91 「北京政府外交部収日本使館照会一件（一九一七年八月一五日）」（『北洋政府档案』全宗四・二一〇、第七八冊外交部六、九九頁）。

第五章　結　論

第一節　北京政府に対する歴史的評価

一九一三年から一九一四年にかけて、袁世凱政権では大総統独裁への政治改革が急速に推し進められていった。袁と北京政府は、早くも一九一四年半ば頃において中央国家権力の組織的統一性を制度的には確立した。かくて内政面では中央統治権の地方への浸透を目指して、中央集権制を完成させていくことが、北京政府にとって次なる課題として浮上してきたのである。他方、外交面においては、北京政府にとってみれば、清王朝が倒れて国力が衰弱している状況の下、これ以上に国権を列強に奪われないようにすることが課題であった。また、この時期の北京政府は、その内政面においても決して安定したものではなかった。各地方で暴動や反政府勢力による反乱が相次いでいたのである。北京政府には、第一に国家の統一を保ち、国内情勢を安定させること、第二に中央政府として地方政府に対する実効支配能力を向上させること、という内政課題があった。

袁政権は、二一か条要求交渉において積極的に外交策略を展開していったことによって、第一次世界大戦期という特殊な極東情勢に置かれたにもかかわらず、圧倒的強国である日本に対抗できていた。また、袁は二一か条要求交渉という外交課題を、地方に対する中央政府としての正当性の調達資源にすることによって、国内情勢の安定と地方政府に対する実効支配能力の向上を図って行こうとしていた。その結果として、北京政府は各地方政治勢力からの支持が得られ、国内における中央政府としての政治基盤が強化でき、中央集権制の完成に大きく近づいた。

袁世凱の急死によって主導者を失った北京政府にとって、国家の統一を保ち、国内情勢を安定させることは一層難しい課題となった。一九一六年六月二九日に発足した段祺瑞政権は、まずは南北の対立戦争状態を食い止め、統一した中国での中央政権を維持することを図らなければならなかった。段政権は、袁政権の施政に倣って参戦問題という外交課題を内政政策に活かし、地方の政治勢力を中央政府のもとに結束させようとした。いっぽう、段政権は、袁世凱政権期の外交課題を継承し、対独断交・参戦問題を利権回復の機会と捉え、外交策略を講じていった。その結果、ドイツからの利権回収に成功し、またドイツ僑民の保護などの一連の外交方針政策を通じて、国際社会に対し対等な文明国としての存在を示した。そして、中国の参戦外交問題が国内政局に絡んだ結果、西南反対派に対抗するために、北洋派の統一路線が形成され、北洋派の内部では、袁世凱死後の「一致団結」が一時的に出現した。しかし、段は国内の反対勢力に対し抑制しきれなかっただけではなく、自分自身が罷免される局面に陥ることさえあった。つまり、段政権では、参戦問題という外交課題を内政の掌握のために結局はうまく利用できなかったのである。

ところで、この時期の孫文の動きはどのようなものであったのか。袁世凱政権期においては、日本の倒袁方針の決定を知った孫文は、居正に山東での撹乱行動の開始を指示した。段祺瑞政権期においては、孫文は段の参戦方針に賛成するグループに対抗して、議会に対し政府の参戦政策を極力阻止するよう呼びかけていた。このように、孫文は、北京政府による利権の回復や中央集権制近代国家の建設ないし統一政権の維持の動きを、妨げていたと考えられる。しかし、孫文ら革命派にとってみれば、統一した中国による利権回復よりも、分裂した中国において自己の支配する地域の確立の方がもっと重要だったであろう。このように、孫文ら革命派と北京政府の為政者たちとの間には異なった行動原理が存在していた、といってよかろう。

第二節　日中政治外交のパターンと特徴

この時期の日中政治外交を日本から見た場合、対中政策そのものが対英米政策ないし世界政策の一部であり、中国から見た場合もその対列強政策の意識の中で対日外交を処理していた。この点に関しては、従来の日中政治外交のパターンとは異ならなかった。

一九一四年八月に勃発した第一次世界大戦により、極東における国際情勢は大きく変化した。大戦によってヨーロッパ列強の中国政策の空白がもたらされたのであった。日本にとって自主的外交を行える環境が出現したのである。日本からすれば、日中両国間外交関係の再構築を狙っていくことが当然のこととなり、中国政府に対して欧米列強ではなく日本に依頼し、日本の指導を仰ぐという意味での「日中親善」を求めるようになった。いっぽう、中国にとってみれば、不平等条約の改正という国家存立上の一大問題の解決に取り組んでいく道標が見えてきた。第一次世界大戦の勃発によって、日中両国の課題が変化していき、「日本の対華二一か条要求交渉、中国の帝制問題と日本の倒袁政策、中国の参戦問題と日本の援段政策」といった日中間での外交的諸問題が生じていた。これらの歴史事象において、以下のような日中政治外交のパターンと特徴が形成されたのである。

二一か条要求交渉と日中外交においては、日本は日中両国間の外交交渉の枠組みを通じて、問題解決をしようとしていた。これに対して袁と北京政府は、世論や列強の力を借りて日本を牽制し、日中両国間外交交渉の枠組みから脱して、日中関係を極東における国際問題ないし列強間の利権競争問題へ持って行くことを狙っていた。

中国の帝制運動と日中外交においては、袁と北京政府は、日本による共同帝制延期勧告について困惑と不満を覚え、これを日本の覇権主義的行動と見做していた。日本の政府関係者は、英仏露三国によって中国の対独国交断絶問題が提案されたことを、中国と列強との接触と捉え、中国に対して不信を示した。袁は帝制の承認問題と中国の対独断交問題という二つの外交課題を絡み合わせ、英仏露の列強の手を借りて日本を国際政治から孤立させ、日本に帝制を承認させせようとした。それは日本のさらなる行動を引き起こし、日本の倒袁政策を進ませることとなる。このようにして、日中両国相互不信は高まり、両国の外交関係は不安定なものになっていった。ちょうどその頃に雲南の反乱が勃発した。この機に乗じて、参謀本部は倒袁政策を推進し、孫文ら革命派は山東での撹乱を起していく。

中国の参戦問題と日中外交においては、寺内正毅内閣は、内政面の問題を解消しようとし、日中親善を標榜して援段政策を推進したのであり、段祺瑞政権は国内反対勢力に抑圧されていたために、日本からの外交支援を求めるようになったのである。参戦外交をめぐって、北京政府は様々な混乱が起きていたものの、段による一時的な収束が、日本側から見れば段政権の確立と理解され、寺内内閣の援段政策は本格化したのである。

以上のように、①日本は日本の主導の下に日中両国間の外交交渉の枠内で問題解決しようとして動いていたが、中国はこれを日本の覇権主義的行動と見做し、日本を牽制するために列強の力を借りようとしていたことにより、日本のさらなる動きを引き起こす、②中国は対日外交問題を内政政策に活かそうとし、日本は内政問題を外交に転嫁しようとしたように、日中外交に両国の政治が交差的に絡んでいった。そしてこのような第一次世界大戦期に形成された日中政治外交の「特徴」と「パターン」は、後の一九三〇年代に起きた日中間での外交諸問題に通じる面があろう。

第三節　近代日中政治外交史に持つ意義

序論で述べたように、本研究の目的は、第一次世界大戦期における日中政治外交関係史について、実証研究を行い、歴史解釈を提示することにあった。そのため、本書は全編にわたって日中両国の史料を照らし合わせながら論じてきた。

この時期における日中政治外交がどのような構造を持つかという課題に対しては、以下のように回答できよう。日中間での外交交渉が、両国の内政に様々な影響を与えていく「構造」である。日本側の政策は政策担当者が変わるたびに異なっており、その場限りの対応であった。それは大隈重信、加藤高明、寺内正毅、石井菊次郎などの政局関係者の間では、中国に対する考えの違いないし世界に対する考えの違いにより、対外政策論において見方の相違が存在していたからである。いっぽう、中国側の政治指導者たちの場合は、①利権の回復への追求、②中央集権制近代国家の建設ないし統一政権維持への願望、③警戒心が強まる対日姿勢とそれに関わる世論への操縦という点においては共通していた。また、このような中国の政治動向が中国の国民にナショナリズムを芽生えさせ、反日・排日という方向に展開してしまう。

ただし、そのナショナリズム的なものも、政治に左右される側面が強かった。袁世凱政権期においては、二一か条交渉をきっかけに、「救国儲金運動」が中国全国各地域に広がっていき、中国人のナショナリズムが高揚していった。これは袁が二一か条交渉の機会を利用して、反日世論を高め、いっぽう自分の政権を確固たるものにしていくという動きを踏まえたものであろう。つまり、その時の世論とは操作されていた世論であり、袁世凱政権は様々な世論工作をしていたと考えられる。これは後の中国政治のあり方に影響していく可能性が高く、特に五四運動の時からは、宣伝の役割が大きくなり、中国の世論が複雑化していく中、為政者たちはもちろん、革命派や社会主義者らも意図的に世論を操作していたと考えられる。歴史の結果からみれば、このように形成された中国人のナショナリズムそのものは、二〇年代から三〇年代へ浸透していき、その後の日中関係に多大な影響を及ぼすことになった。革命の正統史観で語られてきた中国近代史そのもの対しては、この角度から見直す必要があろう。

帝制運動の後期において、雲南の反乱が勃発して帝制移行に対する是非が問われると、中国の政局はすぐに不安定な局面が現われることになり、権力の頂点に立った袁世凱を失脚させた。このような中国政治のあり方はどう捉えられるのか。それは、中国の地方の政治勢力が、国家体制はどうなるかということよりも、地方における自分たちの権力をどう保持していくかという点に執着しており、彼らはその都度優勢だと思われる方についていたからだと考えられる。つまり、一六、七世紀以来の地方自治論、湘軍や淮軍の建軍による省の軍事権の確立といった中央集権制から地方分権化への動きは、北京政府政権に引き継がれていたのである。

付論1　「天羽声明」と日中外交

はじめに

著者は、一九一〇年代の二一か条要求交渉から一九三〇年代の日中全面戦争が勃発するまでを対象とし、日中間の矛盾や軋轢がどのようなメカニズムで生成され、どのようにして関係悪化を引き起こしていったかについて、明らかにすることに関心を持っている。本論文では「天羽声明」を対象にし、これが日中外交に与えた影響を明らかにすることを目的とする。日本軍の独走を強調する日本の対中侵略史観や、蒋介石の世界戦争への確信による時間稼ぎのための「一面交渉・一面抵抗」の対日外交政策を強調する従来の論調とは異なり、著者は、日中両国の政治動向が流動的であったことに注目して研究することが、当時起きていた現象を正確に再現するものと考える*1。

周知のように「天羽声明」とは、満州事変後日中関係が不安定の情況下において、一九三四年四月一七日、天羽英二（外務省情報部長）が新聞記者との会見において行った談話発表のことであり、その趣旨は中国に権益を持つ欧米列強に対して不干渉を要求したものであった。

従来の研究では、声明は天羽の独断専行であったのか、それとも広田（広田弘毅外相）の指示ないし外務省幹部の合意を受けたのかが問題とされ、例えば島田俊彦は、「天羽はしかるべき筋への了解とりつけも省略して『此の際に一つガンとやったらどうか』という気持ちになり、広田外相の議会演説の趣旨を敷衍して一つの要項をつくり、午後の共同会見にはこのような要項にもとづき、即席に文章をつづりながら発表した」＊2と述べている。つまり声明はそもそも天羽の独断専行によるものだとしたのである。

近年の研究においては、「天羽声明」が何を意図していたのか、その反響および同反響への日本側の対応に重きが置かれている。代表的なものは井上寿一と富塚一彦の研究が挙げられる。井上の研究は、「天羽声明」について、それは日中関係の危機の鎮静化の中で、「親日派」支持＝欧米派牽制による日中関係改善を表明したかったものに過ぎない＊3ことや、「天羽声明」にもかかわらず、その後も国民政府の対日妥協政策と陸軍の対中国現状維持政策には、ともに変化がみられなかったと、結論付けている＊4。

いっぽう、富塚の研究＊5は、一九三三年五月から翌三四年四月にかけての日本の対中国政策の中で「天羽声明」が生まれた経緯を中心に考察し、「天羽声明」が外国勢力の駆逐をめざす重光葵（外務次官）の中国政策に影響されていたことを強調し、さらに、有吉明（駐華公使）が重光の中国政策に反対して中国の自主的発展に列強と共に協力する方針を主張していたことにも言及している。

さて、本付論では、外務省の現地に駐在する外交官からの情報を取り入れ、「天羽声明」が発表される遠因を探るいっぽう、「天羽声明」をめぐる世論の反響を解析する。そして、中国側とりわけ対日外交政策決定者である蒋介石に焦点を当て、その動向と考え方の実態を明らかにし、最後に「天羽声明」が一九三〇年代の日中関係の行方にどのような影響を与えたかを検討する。

（一）日中両国の国内政治情勢について

一九三三年五月、日中双方の軍事当局者が塘沽で停戦協定に調印し、満州事変以来、断続的に展開されてきた日本軍の軍事作戦はここに一段落を告げた。塘沽停戦協定以後、国民政府外交当局の人事が一新され、妥協反対派の宋子文、羅文幹らは財政部長兼行政院副院長、外交部長などの要職から退任させられ、汪兆銘（行政院長）が外交部長を兼任した。いっぽう、軍事委員会委員長である蒋介石は、党政軍を跨ぐ特権を有していた。いわゆる蒋・汪合作政権が成立したのである。

日本では、国際連盟脱退後、一連の対外緊張緩和政策が外交当局によって模索されはじめていたが、一九三三年頃まで日本の政界を混乱させたのはいわゆる陸軍中央の派閥対立（皇道派と統制派）であった。しかし、塘沽協定以後、一時的に安定期を迎えた陸軍中央は、統制派の台頭と相まって、外務省側に歩み寄ることが可能になっていった。このような情勢下において、広田外相は陸軍中央からの支持を獲得し、国内基盤の強化に努め、対中国関係の改善を最優先の政策課題としたのであった。

他方、塘沽協定後の日中間の交渉は、いわゆる三通問題（通車・通郵・通関）をめぐって調整が続いた。このように、中国にしても日本にしても多くの不確定要素を抱えていたものの、塘沽停戦協定調印後の一九三三年五月から一九三四年初頭にかけて、日中間は表面的には平静な情勢が保たれていた。

（二）「天羽声明」の遠因について

一九三三年五月、日中双方の軍事当局者が塘沽で停戦協定に調印した頃、退任させられた宋子文は国内課題である産業開発、経済発展問題に専念し、アメリカとの棉麦借款締結の成功に続いて、欧州各国に足を運んで国際連盟や列国金融資本との連携の役割を果していくことになる。この欧州における宋の諸提案とその一連の活動に対し、日本外務省はどのような情報を入手し、どう認識していたのであろうか。

一九三三年九月、堀内（堀内謙介駐ニューヨーク総領事）は、「宋ハ滞米中多数ノ米国実業家ニ対シ支那ニ於ケル各種ノ利権ヲ提供スヘキコト」を約束して、欧米実業家が「積極的ニ支那政府ヲ援助スルト共ニ利権獲得ノ為進出スル」ように仕向けること、他方において「連盟ノ対支技術援助モ益々進展」してくると、後で日本側が欧米の対中国事業に反対する時は「日本ハ不評ヲ招キ極メテ不利ナル地位」に陥る危険性があることを、指摘した＊6。

この頃外務省では、内田康哉外相は老齢を理由に退陣し、代わって広田広毅が外相に迎えられた。

一九三四年三月一九日、広田は中国に関する国際問題については日本を主とするよう各方面に徹底するよう訓令＊7をし、その中で「支那ニ関スル国際問題ニ付テハ、当然日本ヲ主トスヘキ」ことが政府の従来の方針であり、中国問題に関連する各種の具体的な案件をこの「ライン」に基づき根気よく処理して行うことが肝要であり、この方針遂行のためには、「本省及出先相呼応シ努力精進スルノ要」があることが強調された。また、訓電では、特に中国の建設事業をめぐるイギリス人モネ（J.Monnet,元国際連盟事務局次長）らが考案している国際協力問題について、強く反駁するように命じている。

広田の訓令を受けて須磨（須磨弥吉郎駐南京総領事）は、国際協力の具体案構想を持ち込んだモネに対し『スタビリテイ』無キ現在ノ支那ニ対シテハ国際合作モ施シ様無シ」と反駁したが、モネから、①「日本識者ハ国際合作ニ反対ナルカ少ク共時機尚早ナリトノ意見ノ如キモ然ラハ日本ハ一体何ヲ為サン」としているのか、「単ニ日支間ノ合作以外ニハ反対ストノ趣旨ナラハ日本側主張ハ untenable」といわざるを得ない、②「日本ハ従来雑貨ト小商売ニ属スル取引ヲ為シ来ル為排日等ニ苦シメラレタル実状ナレハ、此ノ際思切ツテ支那ノ大宗タル事業例ヘハ鉄道建設船舶路航空路等ノ開拓等ニ喰入ル事可然」、我々が提案している国際合作計画に「真向ヨリ反対セス寧ロ之ヲ誘導シテ自国ニ有利ニ利用セラルル」＊8ことの方が賢明なる方策に他ならないではなかろうか、と揶揄されたのである。そしてこのモネからの「刺激的な反論」は、「須磨情報」＊9として外務省に伝わったのである。四月上旬には、「『ライヒマン』ヲ中心ニ宋子文、孔祥熙（顔回慶モ関係有リ）等ノ間ニ国際経済合作ニ依ル支那開発計画ニ付連日協議中」の模様で、その内容の詳細については彼等少数の者以外知る由も無いとの情報＊10も外務省に伝わる。

さらに、同じ頃の有吉から外務省への報告では、モネの国際協力の具体案構想への日本側の反対について、現地の新聞マスコミに、日本の態度は中国に対し「明ラカニ保護国関係ヲ設定セントスルモノトシテ財界ニ対シ大ナル『イリテーション』」＊11を起こしていると報道されたという。

以上のような英米資本家と中国の結びつきが、外務省に少なからぬ刺激を与えたことは想像に難くない。

四月一一日、ジュネーヴで開催される軍縮会議に出席各国主要代表者の午餐会において、佐藤尚武駐仏大使は、国際連盟事務総長からの内話で、ライヒマン（L.Rajchman,国際連盟保健部長）の中国における活動に関し国際連盟側が「日本ニ対スル態度トシテハ極メテ公正且好意的」であると見ているという情報を得た。佐藤は、直ちにその旨を外務省に報告し、今少なくとも日本の立場を明白にして宜しく次の点を強調すべきであると意見具申した。すなわち、「(一) 支那問題ニテ日本ガ連盟ヲ脱退セル今日連盟ハ支那ニ於テ日本ノ感触ヲ害スルコト一切避ケラレ度シ―『ライヒマン』ノ如キハ再ビ派遣セサルヲ希望ス、(二) 日本ハ連盟ガ技術援助等ノ名義ノ下ニ支那ヨリ政治的ニ利用セラルルコトヲ甚タシク不快ニ感ジ居レリ、(三) 斯ク援助ハ結局支那ノ為ニ利益ナラズ且ツ日本ノ担任スル東亜ノ平和及秩序ノ維持逆行ス」＊12というものであった。ここに至って、いよいよ四月一三日、日本外務省より有吉宛てに、いわゆる「天羽声明」の下敷きとなったとされる第一〇九号電報が発電される＊13。

この電報では、モネへの対応指針として中国における国際協力問題への日本の対応方針が通達される。その主旨とは、①「東亜ニ於ケル平和秩序ノ維持ハ自己ノ責任ニ於テ単独ニ之ヲ遂行スルコト当然ノ帰結トナリタル次第ニシテ、帝国ハコノ使命ヲ全フスルノ決意ヲ有スルモノナリ」、②「支那側ノ日本排斥運動ハ勿論以夷制夷的ノ他国利用策ハ終始一貫之ヲ打破スルニ務メサルヘカラス」、③「支那国際管理ノ端ヲ啓キ又ハ分割若ハ勢力範囲設定ノ緒トナルコトナシトスルモ、支那ノ覚醒及保全ノ為不幸ナル結果ヲ招ク虞アリ、帝国ハ主義トシテ之ニ反対ヲ表セサルヲ得ス」、④「東亜ノ平和又ハ秩序ヲ紊ルカ如キ性質ノモノ（例ヘハ軍用飛行機ノ供給又ハ飛行場ノ設置、軍事顧問ノ供給、政治借款等）ナルニ於テハ、帝国ハ之ニ反対セサルヲ得ス」というものであり、さらに上記の見地に基づき、現下中国に対する外国側の策動は共同動作はもちろん、個別のものといえども、中国が依然として外国の勢力により日本を牽制できることを夢見つつある事情にも顧み、一応これを破壊する建前にて進むことが肝要である、ということであった＊14。

また、前述のモネからの「質疑」に対しては、「日本ノ主張スル所ハ要スルニ先ツ以テ支那ニ於ケル事態ノ改善少ナク共支那カ以夷制夷ノ考ヲ捨テ善意ヲ以テ外国ノ協力ヲ求ムル気持ニナル様仕向クルコト肝要ナリ」との「回答」内容が含まれた電報案は外務省内で作成されたのである。結局、この電報案は廃案となり発電されなかったが、この電報案と一緒に作案されて同じく廃案となったもう一つのものには、下記の趣旨が含まれていた。すなわち「政治借款（例ヘハ棉麦借款）ノ如キハ一面支那ノ内乱ヲ助長スルト共ニ他面其ノ以夷制夷的心理ヲ煽動スルノ結果トナルヲ以テ甚タ好マシカラス」＊15というものである。

このように、日本外務省は現地駐在外交官からの情報を頼りに、宋の欧州での諸提案とその活動を監視しようとした。そして現地駐在外交官たちは、宋の欧州での諸提案に対して懸念を強く持ち、宋の活動をつねに国民政府の「以夷制夷」外交政策と結び付けて語った。これにより日本外務省側においても、国民政府の対日政策が「以夷制夷」であるとの理解が強まったというような関係が、現地駐在外交官と外務省側との間にあったのである。

（三）「天羽声明」への反響―中国国内世論の反響を中心として

「天羽声明」とは、一九三四年四月一七日に、天羽が定期記者会見の際に行ったアジアにおける日本の立場についての談話を指す。その趣旨*16は、①中国側が、もし他国を利用して日本を排斥し、東亜平和に反する如き手段に出る、或いは以夷制夷の排外策を採るようなことがあらば、日本はこれを排撃しなくてはならない、②列強が中国に対して共同動作で財政的、技術援助を行う場合、それは必然的に政治的意味を帯び勢力範囲の設定となり、或いは国際管理または分割の端緒を開くこととなり、東亜の安全ひいては日本に対しても重大な影響を与えるおそれがあるので、日本はこれに反対する、③列国が中国と個別的に経済貿易について行う交渉は事実上において中国に対する援助となるも、東亜の平和秩序維持に支障を与えない限りこれを干渉する必要を認めないが、例えば最近外国が中国に軍用飛行機の供給、軍事教官の派遣、または政治借款などを行ったことに対しては、日本としては反対せざるを得ない、というものであった。

天羽は、四月二〇日に外国新聞記者との定期会見において、質問に応じ、一七日の声明について、①談話は今年一月外務大臣の議会における演説の趣旨を敷衍したにすぎない、②日本は中国の権益を侵害する意思はない、③日本は第三国の権利を害する意思はない*17と釈明した。しかし、声明による波紋は既に中国全土そして世界に広がってしまっていたのである。

「天羽声明」が発表されてから間もなく、中国の各地で世論が沸騰した。華南方面、上海『時事新報』の社説は、日本の声明を分析すれば「（一）日本ハ東亜ノ主人公タラントシ、（二）支那ノ領土ヲ掠奪シ不統一ノ因ヲ作リタルヲ忘レ却テ列国ノ平和建設ニ対スル援助ヲ責メ、（三）列強カ極東ニ関与シ支那ニ好意ヲ表スルコトハ日本ノ伝統政策ト相容レサルコトヲ公然警告セルモノナリ」*18と論評した。

南京では、四月二〇日に各新聞が「(一)日本ハ中国ノ門戸閉鎖ヲ企図ス、(二)米紙日本ノ侵略野心ヲ排撃ス、(三)日本ノ無理主張ニ対シ倫敦憂慮ス」等の見出しを掲げ、それぞれ「天羽声明」に関するアメリカ、イギリスの論調を掲載した。『中国日報』や『民声報』の論説では、「東亜ヲ独占支配セントスル日本ノ企図ハ結局徒労ニ終ル可キ旨」を論じている*19。

華北方面、北京では、「日本ハ満州占領ニ依リ其ノ対支第一歩工作ニ成功セルヲ以テ今ヤ第二歩工作タル中国ヲ征服シテ之ヲ保護国ト為シ更ニ進ンテ極東ノ覇権ヲ掌握セントス」*20と『北平晨報』が報じている。天津の『大公報』は、「日本カ途ヲ好意的了解ニ求メスシテ、威嚇、侵略ニ執ランカ全ク東亜ノ平和ヲ破壊スルノミナリ、今回ノ声明ハ支那ヲ高圧シ世界ヲ威嚇スルモノ」*21だと非難した。

ところで、四月一九日、国民政府外交部は、「天羽声明」に対して正式声明を発表したが、その趣旨は「日中両国間において、真正且つ恒久なる平和は須く善意と相互理解とを基礎とすべき」*22というように、「妥協外交」を象徴するものであった。中国国内では、一般に「弱国ニモ弱国トシテノ外交ハアル筈ナリ即チ理正シク気壮ナル言葉位ハ発シテモ可ナルヘシ」と、外交部の弱腰の態度に不満の声が上がった*23。

このような「天羽声明」をめぐって沸騰した世論について、当時の中国の人々はどう受け止めていたのか。

ここでは、胡適の行動について見てみる。胡は後に蒋と国民政府に対してしばしば建言を行い、駐米大使にもなる人物である。「天羽声明」を知った胡は、その憤慨した気持ちを『協和外交』も結局は『焦土外交』である」という社説評論に込めて書いた*24。胡は「日本は連盟を恨むのに対して我が国は連盟に親近している。日本は米国を猜疑するのに対して我が国は米国を信認している。日本はソ連と戦おうとするのに対して我が国は決してソ連と戦う意思がない。日本は中国に近代武力を有することを許してくれないが、我が国は必要な国防を持たなければならない。日本は我が国を保護国にしようとしているが、我が国はそれを決して認めない。つまり、両国の利害恩怨は皆真正面から対立している故、決して相互理解ができないのである。今日に至り、我々は到底強隣日本に理解してもらえないことを悟らなければならないし、そもそももう日本に理解を求める必要がない」＊25と訴えたのである。

以上のように、「天羽声明」の波紋は中国全土に広がっていき、中国のナショナリズムを高揚させた。それは、政府外交部の「弱国外交」に対する不満もあったが、結局その不満の矛先は日本へと向けられて行く。このような中国人のナショナリズムは、かつて一九一〇年代における日本の「対華二一か条要求交渉」をきっかけに形成された中国人のナショナリズムそのものが、二〇年代から三〇年代へと浸透して形成されたものである。

（四）「天羽声明」に対する蒋介石の考え方の実態

一九三四年三月二三日、蒋が何応欽（国民政府軍政部長）に宛てた電報では、日中関係について、以下のように触れている。「中日形勢は日に日に厳重さを増しており、焦心深い。如何にして応急緩和するかについては、膺白兄（黄郛、字は膺白）が南昌に来てから、よく検討してから方策を決める予定だ」＊26。これは、三月下旬の時点で、蒋には明確な対日政策が決まっていないことを示している。但し、その二日後の日記には「日ソの間では緊張が緩んできた、これからは日本が将に我に対し華北懸案の解決を迫ってくるだろう」＊27と日本に対する蒋の懸念が記されている。

この微妙なタイミングで四月一七日に、「天羽声明」が発表されたのである。その翌一八日、「天羽声明」を知った蒋は、その内容について「日本が昨日列国に対し、我が国への槍械や飛行機の販売供給を許さないと宣言した」と受け止め、その憤慨した気持ちを「辛い。我が国は如何に奮起して自強を図ればこの恥を雪辱すると為すものか」＊28と日記に記した。

そして、その翌一九日の日記には、「日本外務省の非正式宣言では、中国を独占して各国の口出しを許さない意思を表明している。痛憤極まりないことだ。吾がただ越王勾践臥薪嘗胆の精神を以て、自ら勉めて自強を図るしかないのだ」＊29と記され、さらに、二〇日には、「日本は名目張胆にして我が国を独占しようとしている。この恥辱は忘れるものか」＊30と記された。

また、二二日に蒋は、前述の天羽の釈明会見（四月二〇日）について「日本は野心の無い事を声明したが、これ以後彼が既に形を露顕した以上、もう止まることがないであろう」と断定し、「我が如何にして日本に対抗していけるのかについては、俄には明らかにできないことである。以柔制剛（柔を以て剛を制す）は可であろうか」＊31と記している。つまり、この時点においても、蒋には明確な日本に対抗する政策はなく、「以柔制剛（柔を以て剛を制す）」の策略を試みようとしていたのである。

蒋は「日本は我を侮辱しているが、これに憤激してはならず、柔を以て剛を制す策を知るべき」と二三日の日記に記し、日本が現に行おうとする対中政策を「甲、二一か条要求の実行。乙、白人による対華援助の一切の行動に反対する。丙、随時に軍事行動を取る」＊32と想定したのであり、翌二四日「日本は連盟の対華援助を阻止しこれを威嚇する行為は止まらないであろう。やがて日本は世界と決戦することを以て、そのアジア・モンロー主義の野心を実現しようとするであろう」＊33と認識するようになったのである。

そこで蒋は、日本に対して交渉する場合、事実と形式上の二つの態度をとるべきであり、実際においては強硬な態度をとっても、形式上では一層柔軟な態度を見せなければならない、日本に対し「その外部の敵（英国やソ連）を増やして、その政府内部の矛盾と対立を激化させよう」＊34と考案したのである。

ところで、蒋介石は「天羽声明」をめぐる世論の反響に対してどう見ていたのか。

四月下旬、イギリス政府より日本政府に覚書が送られた。その覚書では「列国ハ単独タルト共同タルトヲ問ハス支那ト通常ノ商業上財政上関係ヲ結フ権利ヲ有スルモノナルニ日本ハ之ヲ否定スルモノノ如シ」＊35と指摘していた。

このイギリスの覚書を歓迎した中国の世論について、蒋は「立国の道は唯自強不息にあり、昨今我が国民の間では、英国外交部が日本の声明を九カ国条約に違反するものと指摘したことを知り、それを恥とせず助かっていると誤認識しているようである。しかし、それは、中国における列強の利権を尊重する説明であり、中国の主権を擁護する説明にあらず、我が国民はつねに他人のことを頼り列強の助けばかりを求めているが、自強自立を求めないのである。これこそ国家にとって最大な憂慮と恥辱である」＊36と、日記に記した。

蒋は、国民政府官兵への訓辞の場で、「天羽声明」を非難するばかりではなく、日本国民が相親しみ一致団結し、一国民として国家に対する責任をよく認識していることなどを指摘した上、中国の国民もこれに倣うべきであると訴える。蒋は国を救うためにはまず民を救わなければならない、救国のためには自己を救うことから始める必要があると強調したのである＊37。

さて、四月三〇日、蒋は、日本が「侵略準備を加速するに違いない」と認識するようになり、それに備えて、①杭（杭州）京（南京）防空設計、②南昌軍事根拠地の建設、③各省民団の組織化、④保安処長会議の実施、⑤第五軍を西に移動させる、⑥福建南方への進軍を緩める、⑦道路建設、⑧財政（甲、幣制借款、乙、関税出入超の調整、丙、特別税、丁、特別軍費、戊、裁兵と公債）、⑨外交（甲、華北特区の処理、乙、日本に我が方は積極的に進んでいるように分からせること）＊38と、具体的な対策を決めたのである。

上述をまとめると、三月下旬の時点で、明確な対日政策を持っていなかった蒋は、「天羽声明」が発表されると、それに深い不満と怒り、そこから恥辱を覚え、新たなる対日政策を模索しはじめたと言えよう。なお、この時点において、蒋にはまだ明確に日本に対抗していこうという政策はなく、「以柔制剛（柔を以て剛を制す）」の策略を試みようとしていたのであり、自国の力で日本に対決しようと考えるようになったものの、欧米の力を借りて日本を制することすなわち「以夷制夷」の外交政策は考えておらず、四月の末の段階では日本と軍事対決を前提に、内政と国防の並行調整準備計画を立てるに至ったのである。また、蔣は「天羽声明」への反発が強まった世論動向を利用して、国内情勢の安定と自分の政治基盤の強化を図ろうとしたのである。

おわりに

一九三四年一二月、蔣は徐道隣の名前を借りて『外交評論』という雑誌に、「敵か、友か」という日本に呼びかけたメッセージを掲載した。蔣は日中両国が不幸な関係になったのは、それぞれに責任があると述べた。中国側の責任としては、国の体面をなによりも大切にしたため、満州事変の解決を国際連盟に依存するといった選択しかできなかった。しかし、国際連盟依存政策は、「夷を以て、夷を制する」という伝統的な中国外交政策であるという誤解を招き、日本を刺激したために事変の解決もますます複雑になったのである。いっぽう日本側の責任については、次のように指摘した。まず、中国に対する誤解である。それは、①日中両国の関係がますます悪化してきたのは、国民政府の反日政策の所為によるものであり、国民政府を排除しない限り、日中両国の関係改善が不可能といったのが日本の中国専門家の通説である、②李鴻章あるいは袁世凱という伝統中国の政治リーダーを基にして、蔣介石を理解しようとするのは、日本の中国専門家の通弊である。次に、国際情勢に対する誤解である。このような誤解は、アジア・モンロー主義を堅持する政策によって現れたものである*39と。

日本側もまた蔣と国民政府の意向に応えて、一九三五年一月、広田外相は日中国交正常化のベースとして①「以夷制夷」政策の絶対放棄、②満州国の黙認、③共同防共、いわゆる「広田三原則」を発表した。その翌年五月には日中両国の常駐使節を公使から大使に格上げし、日中関係の改善への努力がなされていくように見えた。

しかしながら本論文で論述してきたように、日中関係の舞台裏では、蔣と国民政府側は信念に基づく外交を行ってはおらず、日本の外務省は国民政府に対する猜疑と不信（以夷制夷への懸念）を深く有していた。そのため、いくら関係改善が見られても、それは一時的なものであった。

さて、本論文を、「はじめに」で述べた問題意識に基づきまとめると下記のようになる。

日本外務省の現地駐在の外交官達からの情報では、宋の活動を常に国民政府の「以夷制夷」外交政策と結び付けて語られたため、外務省は国民政府に対する不信感を強め、国民政府の対日政策を「以夷制夷」とする理解を強めたのである。「天羽声明」に対する中国国内世論では、政府外交部の「弱国外交」に対する不満もあったものの、それは中国のナショナリズムを高揚させ、日本批判を高めていく。「天羽声明」を知った蒋は、それに不満と怒り、そこから覚えた恥辱を深めていき、結局日本との軍事対決を前提に、内政と国防の並行調整準備計画を指示するに至ったのである。

これまでは「天羽声明」について、その時代における日中間の軍事衝突を始めとする多くの事件と比べて、当時の日中関係に与えた影響は軽かったのではないかと結論づけられてきた。また、声明はそもそも天羽情報部長の独断専行によるもの、日中両国の外交を事実上主宰していた重光葵外交次官の政策・路線の忠実な開示であり、日中関係の危機の鎮静化の中で、「親日派」支持＝欧米派牽制による日中関係改善を表明したかったものに過ぎないことなどのように、日本側の視点から「天羽声明」について追究されてきたが、これらの研究によっては確かに「歴史の真実」の一面を語れたかもしれない。しかし、本付論で明らかにしたように、蒋は「天羽声明」を日本という「国」の対中政策そのものとして捉えたが故に、日本の侵略に対する警戒感を高め、日本との対戦準備を始めたことも「歴史の事実」であった。

＊注

1　蒋と国民政府の対日政策については、従来から台湾と大陸の研究では大きな差があった。蒋の「安内」（統一）を「攘外」（抗日）の達成の前提条件と見なして行った対日妥協政策は、「総力戦思想に基づき、対日戦争の長期性と持久性を判断した上、国力を充実させるために四年間の時間を稼いだのは正しい選択であった」、といった台湾での肯定的な評価論調に対し、蒋と国民政府の目的がただ「統一」の名を借りて、共産党とその武装勢力を消滅させるのに過ぎない蒋の「安内攘外」政策は全く合理性を欠き、反共産党且つ独裁的なものであり、滅国亡種の政策である、といった中国大陸での否定的な批判論調が並存している（薛鈺「蒋介石『攘外必先安内』政策研究綜述」『民国档案』一九九五年第二期）。しかし近年では、中国大陸においても、蒋と国民政府に対する評価は変わりつつある。例えば、済南事件後の蒋の日記の「雪恥」を根拠に、蒋の対日政策の臥薪嘗胆の側面すなわちその抗日思想の一貫性を強調する研究がある（楊天石『蒋氏秘档与蒋介石真相』社会科学文献出版社、二〇〇二年）。日本の研究においては、近年、蒋と国民政府を評価する傾向にあるが、蒋の「安内攘外」政策は「分裂」が惹起されるという国家的危機状況を乗り切るための政策と戦略であったと評価する研究（樹中毅「安内攘外戦略と中国国民党の政策決定過程」『法学政治学論究』第三六号、一九九八年）、一九三一～一九三三年を国民政府の対日政策の「模索期」とし、一九三四年～一九三七年は模索の結晶である救国大計の「実行期」に位置づけた研究（鹿錫俊『中国国民政府の対日政策』東京大学出版会、二〇〇一年）、蒋の戦略の目的が単なる「抗日」にあったのではなく「夷」全般の排除にあったことを強調する研究（家近亮子「蒋介石と日米開戦―「持久戦」論の終焉」『東アジア近代史』第一二号、二〇〇九年）、蒋の日本に対抗する「強硬」姿勢を強調する研究（岩谷將「一九三〇年代半ばにおける中国の国内情勢判断と対日戦略」『戦史研究年報』第一三号、二〇一〇年）などのように、論点が異なっている。なお、一九三〇年代の蒋と国民政府の対日政策に関わる研究についていえば、中国側の外交史料の大量公開に続く蒋介石日記の公開につれて数え切れないほどの研究が世に問われつつあるのが、研究の現状である。著者は、一九三〇年代の蒋と国民政府の対日政策に関する数多くの研究における解釈は総じて歴史の結果から捉えている偏りがあることを指摘したい。多くの研究は、一見蒋の日記などを中心に実証的に論述されているように見えるが、それは当時起きていた歴史事象を正確に再現しているとは限らないと、著者は考えている。なぜならば、そもそも蒋介石の思想発展とその行動の実態の間にズレがあるからである。例えば楊奎松の研究では、蒋が如何にして「左派」の忠実者から「反共」の実行者へと変身していったかを明らかにしている（楊奎松「走向『三二〇』之路」『歴史研究』二〇〇二年第六期）。

2　日本国際政治学会太平洋戦争原因研究部編『太平洋戦争への道―日中戦争（上）』（朝日新聞社、一九六二年）七七頁。

3　井上寿一『危機のなかの協調外交』（山川出版社、一九九四年）一三七頁。

4　同右、一三九～一四〇頁。

5　冨塚一彦「一九三三、四年における重光外務次官の対中国外交路線―『天羽声明』の考察を中心に―」（『外交史料館報』第一三号、一九九九年）。

6　外務省編『日本外交文書』（昭和期Ⅱ第一部第二巻、一九九八年）五九八～五九九頁。

7　外務省編『日本外交文書』（昭和期Ⅱ第一部第三巻、二〇〇〇年、以下は『外文』昭和Ⅱ一―三と略記）四一九～四二二頁。

8　同右、四二五頁。

9　外務省の政策決定はこの「須磨情報」を重要な参考にしていたことが指摘されている（劉傑『日中戦争下の外交』吉川弘文館、一九九五年、一二～一七頁）。

10　『外文』昭和Ⅱ一―三、三七五頁。

11　同右、四二六頁。

12　同右、三七六～三七七頁。

13　第一〇九号電報の起案・発電経緯については、前掲、冨塚「一九三三、四年における重光外務次官の対中国外交路線」の論述が詳しい。

14　『外文』昭和Ⅱ一―三、四三四～四三五頁。

15　同右、四三五～四三七頁。

16　島田俊彦・稲葉正夫編『現代史資料―日中戦争（八）』（みすず書房、一九六四年、以下『現代史資料（八）』と略記）二五～二六頁。『外文』昭和Ⅱ一―三、五六〇頁。

17『外文』昭和Ⅱ一―三、五六一頁。

18同右。

19『現代史資料（八）』三八頁。

20同右、三九頁。

21同右、四〇頁。

22陳志奇編『中華民国外交史料彙編（八）』（渤海堂文化事業出版、一九九六年）三三四七頁。

23『外文』昭和Ⅱ一―三、五六九頁。

24曹伯言編『胡適全集（三二）』（安徽教育出版社、二〇〇三年）三五六～三五八頁。

25胡頌平編『胡適之先生年譜長編初稿（四）』（聯経出版社、一九八四年）一二一八頁。

26周美華編註『蒋中正総統档案―事略稿本二五』（国史館、二〇〇六年、以下『事略稿本二五』と略記）三三二頁。

27同右、三三六頁。

28同右、五一三頁。

29同右、五二一頁。

30同右、五二五頁。

31同右、五三一頁。

32同右、五三四～五三五頁。

33同右、五四〇頁。

34高素蘭編註『蒋中正総統档案―事略稿本二六』（国史館、二〇〇六年、以下『事略稿本二六』と略記）二四頁。

35『現代史資料（八）』四三頁。

36『事略稿本二六』一六二頁。

37黄自進編『蒋中正先生対日言論選集』（財団法人中正文教基金会、二〇〇四年）二四三～二四六頁。

38　『事略稿本二五』五八七頁。

39　前掲、『蔣中正先生対日言論選集』二九二〜三〇三頁。

付論２　「川越・張群会談」と日中外交
──一九三六年後半における日中国交調整交渉についての一考察──

はじめに

川越・張群会談とは、一般に一九三六年八月二三日に起きた成都事件（現地排日デモにより日本人が殺傷された事件）と九月三日に北海で同地在留の日本人商人が殺害された北海事件の発生をきっかけに、日本外務省が、南京国民政府の対日態度の是正を要求する目的で九月八日から開始された日中全面戦争前における最後の本格的な日中国交調整交渉のことを指す。なお、日本外務省側が交渉に踏み切った背後には、海軍側からの強い要請があった＊1と見られる。

川越・張群会談に関する研究はほとんどなされていない＊2のであるが、その理由として、戸部良一＊3は以下のように指摘する。①川越茂（日本駐華大使）と張群（国民政府外交部長）との会談から、成果は何も出てこなかった、それ故に、そのプロセスにはあまり関心が向けられなかったことが挙げられる。②会談の前後には、成都事件、北海事件、さらに有名な綏遠事件など、多くの研究者の関心を惹くような事件が幾つか起こっているため、この会談に関してあまり関心が寄せられなかった、詳細が明らかにされてこなかったということがある。

本論文は、川越・張群会談を対象とし、日中両国の史料を組み合わせながら、現地での会談交渉の意義、日中関係に与えた影響を念頭におき、その交渉過程をふまえて、日中両国はどのような目的で交渉に臨んだのか、双方に意見の食い違いや誤解があったか否かについて検討し、一九三六年後半における日中国交調整交渉がどのようにして、決裂に至ったのかを明らかにしたい。

また、本論文では、民国史研究を深化させるための「当面の急務」＊4と言われる国民党と共産党の関係についても、川越・張群会談を介して検討を試みたい。

（一）日中両国の国内政治情勢について

中国では、蒋介石と国民政府は一九三四年一月の福建事変を平定した後、三四年後半から長征を始めた紅軍に対する「追剿」という大義名分によって、その勢力を四川・貴州・雲南まで浸透させた。さらに、一九三四年一〇月の第五次「剿共戦」の勝利、一九三五年夏の西南平定、一九三六年夏の両広（広東・広西）統合を通して、政治的統一を着実に達成していった。

いっぽう一九三五年一二月、蒋は行政院長（首相に相当する）に復帰し、外交部長に腹心の部下である張群を起用し、外交方針を実践するという「越権指導」＊5を強化した。他方、一九三五年以後、英米からの経済・技術援助を受けた国民政府は、国防整備と経済建設においても、相当な発展を遂げたのである。

日本では、一九三五年広田（広田弘毅外相）は日中国交正常化のベースとして①「以夷制夷」政策の絶対放棄、②満州国の黙認、③共同防共、いわゆる「広田三原則」を発表した。一九三六年「二・二六事件」後、日本の対中外交は広田弘毅（首相）・有田八郎（外相）・川越茂（駐華大使）という新陣容のもとで行われることになった。

しかし、日中関係では、塘沽停戦協定によって形成された「華北問題」解消の可能性はほとんどなかったのであり*6、一九三五年六月以後、日本の現地軍が南進を再開し、中国華北への侵略は進行していった。一九三六年七月一三日、蒋介石は「禦侮之限度」演説を行い、「我々が領土主権を侵擾されることは絶対に容認できない」*7と、日本に対する強硬姿勢をあらわにしたのである。

以上のような環境の下、一九三六年八月二三日に成都事件、九月三日に北海事件が相次ぎ発生し、日本外務省が国民政府の対日態度の是正を要求する目的で川越・張群会談を開始した。これは結局、日中全面戦争が勃発する前における最後の本格的な日中国交調整交渉となったのである。

（二）川越・張群会談の交渉過程について

一九三六年九月五日、有田外相より川越宛てに成都事件解決交渉開始方訓令が打電され、中国政府に要求すべき事項*8が伝達された。それは、①成都事件をもって日中国交調整の方向に利用すること、②排日の禁絶を求めること、③在成都日本領事館の早期再開を要求することという趣旨であった。

ところが、川越・張群会談の予備交渉で、次の七ヵ条*9が要求交渉事項として提案されたのである。すなわち、「（一）北支ニ対シ徹底セル特殊制度ヲ設クルコト、（二）防共施設ヲ実現スル為日本ト協定スルコト、（三）航空ニ関シ日支合弁会社ヲ設立シ例ヘハ福岡、上海ヨリ事件発生地タル四川迄ノ航空路ヲ開設スルコト、（四）行政各部ハ勿論軍政機関ニモ日本顧問ヲ招聘スルコト、（五）通商ヲ改善スル意味ヨリ日支関税協定ヲ復活シ又輸入税率ノ低減ヲ行フコト、（六）事件ノ性質上成都ヲ開埠地トシ且四川省内経済利権開発ニ関シ日本側ト合作スルノ制度ヲ確立スルコト、（七）政治犯人不引渡ノ原則等ヲ顧慮スルコトナク金九、金元鳳、李青天等ノ逮捕引渡ヲ実現スルコト」であった。

これは、須磨（須磨弥吉郎駐南京総領事）が本省からの「訓令の意向」を独自に解釈して、より具体的な交渉事項を提示したものであったが、これらの交渉事項に対して、張群は、このような苛酷な要求は中国を「日本の属国」と見なし、「日本の植民地」と化そうとするもので、当然受け入れることのできないものであると受けとめた＊10。そこで張は、日本側に対して、成都を開埠地とするようなことは、中国の不平等条約排除の国策方針と相容れないものであり、「全く考慮する余地のない」事項である＊11と、拒否したのである。

さて、九月一五日、国民政府外交部において、中国側代表張群（外交部部長）・高宗武（外交部亜洲司司長）と日本側代表川越（駐華大使）・須磨（駐南京総領事）との間で、第一回＊12川越・張群会談交渉が実施される。

この会談で、川越はまず上述外務省訓令交渉開始方①の趣旨を中国側に告げた。これに対し、張群はまず両国間にわだかまる不信感の解消を必要とすることを指摘した。しかし、川越は、日本は国民政府が「国交調整ノ誠意ヲ具体的ニ表示スルコトヲ茲ニ要求スルモノナリ」と強く談じたのである。

ついで、川越は「排日取締ノ徹底ニ努力」するよう中国側に要求した。これに対し、張群は、国民政府は従来から努力を払っていると答えたが、川越は日本の「要望スル所ハ従来ノ如キ単ナル命令ニ止マラス現実ニ之カ禁止ノ実績ヲ挙クルニアリ」と述べた。

ところで、九月二三日、中国側は対案として、対日要求五項目を日本側に提示した。その内容とは、「（一）塘沽協定及上海停戦協定ノ取消（二）冀東政府ノ解消、（三）北支自由飛行ノ停止、（四）密輸停止及支那側取締ノ自由恢復、（五）冀東及綏遠北部ニ於ケル偽軍ノ解散」＊13である。

九月二四日、第二回目の川越・張群会談交渉が実施されるが、会談で上記中国側の五項目対案について、須磨は中国側に対して、「日本側ニ於テ全然考慮ノ余地ナキコトヲ茲ニ言明ス」と厳しく反駁したため、会談は打切る外ないという状況になってしまった＊14。

第二回会談後、交渉の進捗が見られない中、一〇月七日、須磨と高宗武の間で、会談を促進するための談話が行われた＊15。須磨は「蒋介石ハ日本ト一戦スルノ覚悟ナク無理ニ会談ヲ遷延セシメントスト解スルノ外ナキカ如何」と問い詰め、もしそうでなければ「素直ニ従来ノ経緯ヲ辿リ会談ノ誠意ヲ示スヘシ」というように要求したが、高からは、防共及び北支の両問題は後日にまわし、この際は他の四項に関して会談交渉の余地があると告げられた＊16。

一〇月一九日、川越・張群会談（第三回）＊17が再開される。

この会談で、川越は「国民政府ノ速ナル決断ヲ望ムモノナリ」と冒頭で述べ、まず「防共問題」を持ち出し、「防共協定」を説明しその受諾を求めたが、張群は、本件の提出は元来交渉の途中より加えられたものであり、中国側としては「此ノ種協定ハ到底締結シ難シ」と答える一方、同協定の締結の条件として「冀東政府ノ解消及綏東偽軍ノ解散」、さらに「塘沽協定ノ解消」を持ち出し、国民政府の立場を訴えて、逆に日本側に中国側の対案の受諾を求めたのである。

この張群の態度に対して、川越は、中国側があくまで協力を拒む場合、日本は「任意ニ必要ノ手段ヲ執ルノ外ナシ」と脅迫的な言葉を述べ、第三回目の会談も不愉快な雰囲気で終了してしまった。

ついで、一〇月二一日、張群の官舎で、第四回川越・張群会談が行われた。その交渉の中心内容は「一般的防共締結」と「華北の防共提携問題」であったが、日中双方の会談記録を照らし合わせると、この会談においても、両者の間に食い違いがあったように思われる。

すなわち、川越は、「一般赤化防止ヲ目的トスル協定」に対する詰めを行うことと、「北支防共協定」の無条件締結を目的に会談に臨んでいるが＊18、張群は、「中国は華北における防共線が山海関、包頭に連なる線以北と限定したのに対し、日本はこの線を山西省の雁門道に延ばしていること」に関心を持っていた＊19。

結局、この日の会談は防共問題のみにて終わった。翌二六日に行われた第五回目の会談においても、「北支防共線の設置」をめぐって話し合われないまま、張群は「北支防共協定ニ引懸ケ再ヒ冀東政府ノ解消」を持ち出したのに対し、川越は「是迄数回繰リ返シタル通リ現在到底問題トナラス」と反駁して、会談は物別れに終わった*20。ついで、第六回会談も、依然として何の結論にも達しなかった。

その後、綏遠で緊迫情況が増している最中の一一月七日、張群は高宗武を通して、日本の提案に対して全面的に拒否する旨を日本側に伝えたのである。これに対し、須磨は、高と話し合い、交渉妥結に向けた試案提示について、「(一)航空連絡及北支防共協定ニ引懸ケ居ル支那側ノ条件ヲ撤廃スルコト、(二)劉湘ノ陳謝ヲ免除スルコトハ承諾シ難キコト、(三)少クモ排日取締ニ付テハ文書ヲ以テ支那ヨリ通報寄越スコト、(四)国交調整ニ関スル事項ニ付テハ正式ノ『ミニツ』ヲ作ルコトヲ取止トスルモ話合ノ結果ヲ各自覚書トシ読合ノ上写ヲ交換スルコト」となるのであれば、「(五)一般反共協定ハ後日更ニ話合ヲ為スコト」とすることを、提案したのである*21。

一一月一〇日に第七回目の川越・張群会談が行われ、これが最後の交渉となる。会談で、川越は、「日本は貴国の困難を理解し、一般反共協定問題は後日に話し合うことなどを提案した」のは大いに譲歩したものだと述べ、「須磨試案」を応諾するよう張群を説得したのであるが、張群は、「我が方の対案要求(五項目)は実に最低条件」であり、蔣院長(蔣介石)がいうように「中国は自らの国力を知り、不合理の事は提案しない」、しかし、我が方において、現に、「最重要問題である塘沽停戦協定・上海停戦協定の取り消し問題は持ち出していない」、中国は既に日本に対し譲歩していることを、強調したのである*22。

以上のように、川越と張群の間では七回の会談交渉が行われたが、双方は終始、自国の要求を相手に求め、話は一致することはなく、進捗を見せないまま、幕が閉じられたのである。

（三）川越・張群会談に対する蔣介石の考え方

九月二日、蔣は「一覧群山小回首白雲低」*23という一句を日記に記した。これは元来、人が山の頂に登り、周囲の景色を眺める時の気持ちを描写する句であるが、蔣にとっては、自分が遂に権力の頂点に上ったことを認識し、かなり自信を持つようになったことを表したものだと思われる。

九月一〇日、日本が提案した七ヵ条の要求交渉事項を知った蔣は、「日本の狙いは戦わずにして我を屈することにある」と想定し*24、自ら交渉の「対案」を擬して張群に指示したのである*25。

九月二四日、蔣は川越・張群会談について、次のように考察した。「川越と張群との会談は昨日で既に決裂に等しいものとなった。しかし、日本は、例えば華北特別地域の設定や共同防共、排日取締、関税の引下げなどを、我が方に対して要求している。しかし、我が方が提案した上海・塘沽両協定の取り消し、冀東偽組織の廃除、密輸出や日本の飛行機の自由飛行の取締りについては、みんな提案してはいけないと言われる、是をも忍ぶ可くんば、孰れか忍ぶ可からざらん」*26と。

同じ日に、蔣は何応欽（軍政部長）宛てに、昨今の形勢から推察すれば、日本は「已に思いどおりにやる決意を固めているので、南京、上海、漢口の各地に、直ちに一切の準備をととのえ、厳しく警戒し、いつでも抗戦しうるよう命ずべき」であると訓電した*27。

九月二六日、蔣は、「日本は三年内には中国を亡ぼすことができないのであり、日本の脅迫には煩う必要がない。但し、今はまだ心に秘めて耐え忍ばなければない」と日記に記した*28。

ところで、九月二八日、日中国交調整交渉に関する有田外相の談話*29が発表された。そこで有田は、昨今の「不祥事件」に関して「多年国民政府及国民党トシテ其ノ責任ヲ免レ得サル排日教育、排日煽動、排日的政策等ノ当然ノ帰結」であると強調し、今回の交渉の結果は日中関係が非常に良くなるか、或いは非常に悪くなるかの二途のどちらしかない、従って中国側としてはこの際、「日本ト握手スルカ否カヲ選フヘキ重大ナル岐路」に立っているものであると、指摘した。

この談話内容を聞いた蒋は、「日本の脅迫は剣抜弩張の態勢になった」*30と理解したのである。一〇月一六日、張群は蒋に交渉状況を報告し、今後の対日交渉方策について請訓したが、これに対し蒋は、前回の打電で「上海、塘沽両協定には言及していないが、川越と話し合うとともに、その実施を一日も早く取り消すよう要求しなければならない」と指示を出したのである*31。

一〇月二二日、蒋は、張群に対し今後「川越と会談する時に、まず新たな要求があるか否かを探るべきである」と訓電するいっぽう*32、山西の閻錫山（軍事委員会副委員長）に打電し、「岳軍（張群）と川越の協議は依然として進展がなかった。黙して情勢を察するに、綏遠の敵は必ず攻勢に出るに違いない。しかも、その攻勢の時期を予測すれば、来月の初旬を出ないであろう。我が軍は、敵の準備が完成しないうちに、優勢な兵力で平地泉付近から東方へ積極的に攻勢に出るとともに、有力な部隊を豊鎮から興和に進出させて匪と偽との南、北両路の連絡を遮断し、迅速に匪軍を撲滅して綏遠占領の企図を断つべきである」*33と告げた。

ところで、一一月五日、前記の交渉に対する「須磨試案」は下記のような趣旨で蒋のもとに報告された。①一般防共問題について、日本の要求を接受することを希望すること、②華北防共問題について、もし指定地区で困難であれば、日中それぞれが指定している委員によって時間をかけて検討すること、③山西、綏遠、山東の三省に対して、中央政府は必要がある場合には各省当局にその対日経済合作の便利を与えること、④航空連絡問題については、中国側の無条件承認を求めること、なお、これは日本の「最終勧告」であり、これ以上遅らせることは許せない*34というものであった。

この報告書を読んだ蒋は、「日本の脅迫は他人に知りうるものか」、「交渉は遅かれ早かれ決裂に至るに違いない、対抗準備は一刻も早く進めるのだ」＊35と考えるようになったのである。

さらに、一一月七日午後、蒋は対日外交の決裂に備えて、考えを次のように深めていった。「(甲) 我が国のすでに失った主権は今の限度をもって、今後回収するのみ、さらに失うことは許せない、(乙) 対外的には必ず自主を求めなければならない、決して再び他国の牽制と干渉は許さない」＊36と。そこで、蒋は張群に対し交渉決裂時に宣言を発表する場合の注意点として、「華北の行政を保全することを今日の国交調整の最低の条件にすべきである」と指示したのである＊37。

以上のように、川越・張群会談に対する蒋の考えとその取った行動とは、必ずしも一致する方向で進んでいたとは言えないかもしれないが、交渉に臨んだ蒋の姿勢は終始強硬なものであった。

(四) 川越・張群会談交渉の決裂、国民党と共産党の接近

一一月上旬に起きた綏遠事件では、関東軍に唆された徳王麾下の内蒙古軍と国民政府軍との間で約一ヶ月の戦闘状態が続いた。

一一月二〇日、川越は外務省に対して、かかる情勢において「交渉ヲ継続スルモ効果」なく、むしろ「思切リ良ク我方ヨリ決裂」させるしかないとの見解を述べるに至り＊38、一二月三日、川越・張群会談は最終的に打ち切られることになったのである。

いっぽう、同じ頃、蒋介石のもとに毛沢東、朱徳らからの手紙＊39が届いた。その内容は下記のようなものであった。すなわち「目下、大計は先生の一言がありさえすれば決まるし、今日、内戦を停止すれば、明日には紅軍と先生

の西北剿共大軍がともに直ちに味方同士が殺し合う内戦の戦場から抗日に赴くことができ、綏遠の国防力は急増して数十倍になる。これは先生の一瞬の改心、一心の発露であり、国仇に報復し、国土を保全し、失地を回復することができる。先生も栄光の抗日英雄」になれる。

少し戻って九月二二日、川越・張群会談が開始された直後に、蒋のもとに周恩来からの手紙＊40も送られていた。その内容は、「日本という大盗人は已に我が山河の半分を奪い取り、そのうえ、今やその奥義を究め、四億の国人は民族的な大災禍に押さえつけられている」、紅軍（共産党軍）は「全国的な抗日政府の指揮のもとに統一し、日寇を駆逐するために最後まで奮闘する」ことを誓う。先生はどうして「日寇が已に軍隊を綏遠東部に配し、行動を起こそうと気が逸っていること、すなわち西北を植民地に変えようとしていることを忘れた」のであろうか、大敵が目前に迫っているので、「早急に団結し侮りを防ぐべきである」というものであった。

このように、川越・張群会談が進行している間に、共産党側は、蒋に対して共産党が国民政府の指揮の下に入ることを公約して、一致抗戦を呼びかけていたのであった。

また、国民政府内部においても、一致抗戦を希望する声が少なくなかった。例えば、張学良（共産軍討伐副司令官）は蒋に対して、「亡国を救うには抗日が必須であり、抗日するには全国の力量の集中が必須である。良は、いま、鈞座（蒋委員長）の指揮下で剿匪（共産軍討伐）の職責を尽くしているが、一日も早く鈞座の率いる下で抗日への犠牲を願う」＊41というように要望を出している。

川越・張群会談の交渉過程で、蒋と国民政府は終始「一般防共問題」の協議を拒んでいた。むろん、それを拒んだ理由には、国内世論や対ソ連関係への配慮があったと考えられる。しかし、その背後には、蒋の考えとは別に国民党と共産党が接近し初めていた要素があったと思われる。なぜならば、蒋にとって、安内＝国内の統一は何より優先的な課題だったからである。

おわりに

一二月六日、国民政府側は、川越・張群会談について、「双方の意見は相容れないものであり、接近し難いものであった。その結果、今回の会談交渉によっては、国交調整が少しも改善できていない」との意見を発表した*42。いっぽう、日本外務省側は、一二月一〇日、今後国民政府の措置特に排日取締に見るべきものがなく、「万一在支居留民の生命財産の安全を脅かし或いは帝国の在支権益を侵害するが如き事態が発生する場合には支那現下の状勢に鑑み臨時必要なる措置」を取る方針であるという見解*43を発表したのである。

さて、本付論を、「はじめに」で述べた問題意識に基づきまとめると以下のようになる。

会談交渉に臨んだ日中両国側の狙いは、最初から対立するものであった。それゆえ、張群と川越の間では七回の会談交渉が行われたが、双方は終始、自国の要求を相手に求め、話は一致しなかった。結局会談交渉が進捗を見せないまま、進行の途中で幕が閉じられたのである。いっぽう、蒋介石は一貫して川越・張群会談に強硬的な姿勢で臨んでいたのであり、この間中国の内政における国共接近の動きも見られたことが、川越・張群会談の決裂に至る一つの要因となったのである。

*注

1 樋口秀実「日中関係と日本海軍—昭和一〇年の中山事件を事例として」(軍事史学会編『日中戦争の諸相』錦正社、一九九七年)六〇〜六一頁。島田俊彦「華北工作と国交調整—一九三三〜一九三七—」(日本国際政治学会太平洋戦争原因研究部編『太平洋戦争への道—日中戦争(上)』朝日新聞社、一九六二年)二〇一〜二〇二頁。

2 なお、「川越・張群会談」に関する多くのヒントが提示されている「松本の回想録」(松本重治『上海時代—ジャーナリストの回想』中巻、中央公論社、一九八九年）は特筆に値する。

3　戸部良一・服部龍二・冨塚一彦「評論―『日本外交文書』昭和期Ⅱ第一部第五巻所収『川越・張群会談関係文書』について」（『外交史料館報』第二二号、二〇〇八年、五四頁）。

4　陳紅民「大陸中国の民国史研究」（久保亨ほか編『シリーズ二〇世紀中国史（四）現代中国と歴史学』東京大学出版会、二〇〇九年）三八頁。

5　家近亮子「蒋介石と日米開戦―『持久戦』論の終焉」（『東アジア近代史』第一二号、二〇〇九年）九八頁。

6　内田尚孝『華北事件の研究』（汲古書院、二〇〇六年）二六九頁。

7　陳志奇編『中華民国外交史料彙編（六）』（渤海堂文化事業出版、一九九六年）三六九三頁。

8　外務省編『日本外交文書』（昭和期Ⅱ第一部第五巻上、二〇〇八年、以下は、『外文』昭和Ⅱ一―五―上というように略記する）九六～九七頁。

9　同右、一〇一～一〇二頁。

10　張群『日華・風雲の七十年』（サンケイ出版社、一九八〇年）六九頁。

11　中国第二歴史档案館編『中華民国史档案資料匯編第五輯・外交』（江蘇古籍出版社、一九九一年、以下は、『民国档案』五―外交というように略記する）八九四～八九五頁。

12　『外文』昭和Ⅱ一―五―上、一〇六～一〇七頁。

13　成都排日不祥事件ヲ契機トスル支那排日不祥事件及解決交渉一件（JACAR Ref.B02030509300 画像二頁目、外交史料館外務省記録 A-1-1-0-29）。

14　『外文』昭和Ⅱ一―五―上、一一二頁。

15　後年、高は須磨との付き合いを回想して「日本人の中で一番嫌いな人は須磨であり、その印象は虚偽で下劣であると評した」ことからして、両者間での会談を促進するための会談は最初から期待できないものだったと考えられる（高宗武『高宗武回憶録』中国大百科全書出版社、二〇〇九年、一六頁）。

16『外文』昭和Ⅱ一―五―上、一二七～一二九頁。
17 同右、一四九～一五〇頁。
18 同右、一五一～一五二頁。
19『民国档案』五―外交、八九九～九〇一頁。
20『外文』昭和Ⅱ一―五―上、一五五～一五六頁。
21 同右、一六五頁。
22『民国档案』五―外交、九〇四～九〇五頁。
23 高素蘭編『蒋中正総統档案―事略稿本三八』(国史館、二〇一〇年、以下『事略稿本三八』と略記）三七〇頁。
24 同右、四二九頁。
25 同右、四四三頁。
26 同右、五一五～五一六頁。
27 丁秋潔・宋平編、鈴木博訳『蒋介石書簡集』(下巻、みすず書房、二〇〇〇～二〇〇一年、以下『蒋書簡』と略記）八〇五頁。
28『事略稿本三八』五二三頁。
29『外文』昭和Ⅱ一―五―上、一二六～一二七頁。
30『事略稿本三八』五三六頁。
31『蒋書簡』八〇六頁。
32『事略稿本三八』五〇四頁。
33『蒋書簡』八〇七頁。
34 高素蘭編『蒋中正総統档案―事略稿本三九』(国史館、二〇〇九年）一五二～一五四頁。
35 同右、一五六頁。
36 同右、一六三頁

37 『蒋書簡』八〇九頁。
38 『外文』昭和Ⅱ一―五―上、一八〇頁。
39 中共中央文献研究室編『毛沢東書信選集』(中央文献出版社、二〇〇三年)七七～七八頁。
40 『蒋書簡』八〇一～八〇三頁。
41 『事略稿本三八』五一二頁。
42 『民国档案』五―外交、九二七頁。
43 島田俊彦・稲葉正夫編『現代史資料―日中戦争(八)』(みすず書房、一九六四年)三〇六～三〇七頁。

参考文献

《未刊史料》

台湾中央研究院近代史研究所档案館蔵

「北洋政府外交部档案」(外交部門、全宗三―北洋政府外交部)。

国立国会図書館憲政資料室蔵

『明石元二郎関係文書』、『岡市之助関係文書』、『加藤高明関係文書』、『寺内正毅関係文書』、『西原亀三関係文書』、『山県有朋関係文書』、『牧野伸顕関係文書』。

外務省外交史料館蔵(国立公文書館アジア歴史資料センターで公開のものも含む。)

「大正四年日支交渉一件、二十一ケ条問題」(松本記録 2.1.1.32)。

「大正四年日支交渉一件、雑件ノ部」(松本記録 2.1.1.32-1)。

「大正四年日支交渉一件、日置公使来電」(松本記録 2.1.1.32-5)。

「袁世凱帝制計画一件」(1.6.1.75)。

「袁世凱帝制計画一件、反袁動乱及各地状況」(1.6.1.75-1)。

「袁世凱帝制計画一件、反袁動乱雑件ノ部」(1.6.1.75-2)。

「外事彙報、大正五年度第二号、雲南ノ帝制反対事件」(政.87)。

「米独国交断絶ニ伴フ支那ノ対独態度一件」(松本記録 1.2.1.33)。

「各国内政関係雑纂、支那ノ部」(1.6.1.4-2)。

「各国内政関係雑纂、支那ノ部、復辟問題」(1.6.1.4-2-11)。

「第一世界大戦関係、支那ノ部」(7.1.8.28-4)。

「対外政策並態度関係雑纂、対支那ノ部、本野大臣」(松本記録 1.1.1.3-2-4)。

「対支国際援助ニ関スル帝国政府声明問題一件(天羽声明)、世論並新聞論調」(A.1.1.0-27)。

「成都排日不祥事件ヲ契機トスル支那排日不祥事件及解決交渉一件」(A.1.1.0-29)。

山口県文書館蔵

『田中義一関係文書』。

早稲田大学図書館蔵

「大隈重信関係資料」。

《日本側刊行史料・日記・年表等》(本論と付論、資料の刊行年代順)


外務省編『日本外交文書』該当巻(本文末注参照)。

外務省編『日本外交年表竝主要文書』全二巻、原書房、一九六六年。

大山梓編『山県有朋意見書』原書房、一九六六年。

原奎一郎編『原敬日記』第四~五巻、福村出版、一九六五~一九六七年。

上原勇作関係文書研究会編『上原勇作関係文書』東京大学出版会、一九七六年。

山口利昭「浜面又助文書」(『年報近代日本研究(二) 近代日本と東アジア』山川出版社、一九八〇年)。

山本四郎編『寺内正毅日記』京都女子大学、一九八〇年。

山本四郎編『西原亀三日記』京都女子大学、一九八三年。

山本四郎編『寺内正毅内閣関係資料』京都女子大学、一九八五年。

山本四郎編『坂西利八郎書翰報告集』刀水書房、一九八九年。

櫻井良樹編『立憲同志会資料集』柏書房、一九九一年。

波多野勝・黒沢文貴・斎藤聖二・櫻井良樹編『海軍の外交官竹下勇日記』芙蓉書房出版、一九九八年。

近代日中関係史年表編集委員会編『近代日中関係史年表』岩波書店、二〇〇五年。

山縣有朋関係文書編纂委員会編『山縣有朋関係文書 』第二巻、山川出版社、二〇〇六年。

原田熊雄述『西園寺公と政局』第二巻、岩波書店、一九五〇年。

小林龍夫・島田俊彦編『現代史資料七―満州事変』みすず書房、一九六四年。

島田俊彦・稲葉正夫編『現代史資料八―日中戦争』みすず書房、一九六四年。

臼井勝美・稲葉正夫編『現代史資料九―日中戦争』みすず書房、一九六四年。

小林龍夫・島田俊彦・稲葉正夫編『現代史資料一一―続・満州事変』みすず書房、一九六五年。

木戸日記研究会校訂『木戸幸一日記』上巻、東京大学出版会、一九六六年。

伊藤隆・佐々木隆・季武嘉也・照沼康孝編『真崎甚三郎日記』第一巻、山川出版社、一九八一年。

伊藤隆編『本庄繁日記』全二巻、山川出版社、一九八二～一九八三年。

伊藤隆・広瀬順晧編『牧野伸顕日記』中央公論社、一九九〇年。

伊藤隆・劉傑編『石射猪太郎日記』中央公論社、一九九三年。

丁秋潔・宋平編、鈴木博訳『蒋介石書簡集』全三冊、みすず書房、二〇〇〇～二〇〇一年。


《中国側刊行史料・日記・年表等》(本論と付論、資料の刊行年代順)


『申報』。

『政府公報』。

『洪憲公報』。

中国社会科学院近代史研究所・近代史資料編輯部編『近代史資料』各号(本文末注参照)。

中央研究院近代史研究所編『欧戦與山東問題(一九一四～一九一六)』台湾中央研究院近代史研究所、一九七四年。

四川省文史館編『四川軍閥史料』四川人民出版社、一九八一年。

杜春和・林斌生・丘権政編『北洋軍閥資料選輯』全二冊、中国社会科学出版社、一九八一年。

丁文江・趙豊田編『梁啓超年譜長編』上海人民出版社、一九八三年。
李希必編『護国運動資料選編』中華書局、一九八四年。
中国社会科学院近代史研究所中華民国史研究室・中山大学歴史系孫中山研究室・広東社会科学院歴史研究室編『孫中山全集』全一一冊、中華書局、一九八四年。
中央研究院近代史研究所編『二十一条交渉（一九一五～一九一六）』台湾中央研究院近代史研究所、一九八五年。
雲南社会科学院歴史研究所・貴州省社会科学院歴史研究所編『護国文献』全二冊、貴州人民出版社、一九八五年。
劉晴波編『楊度集』湖南人民出版社、一九八六年。
公孫訇編『馮国璋年譜』河北人民出版社、一九八九年。
章伯鋒編『北洋軍閥（一九一二～一九二八）』全六冊、武漢出版社、一九九〇年。
遼寧省档案館編『奉系軍閥档案史料彙編』全一二巻、江蘇古籍出版社、一九九〇年。
中国第二歴史档案館編『中華民国史档案資料匯編第三輯・政治』全二冊、江蘇古籍出版社、一九九一年。
中国第二歴史档案館編『中華民国史档案資料匯編第三輯・外交』江蘇古籍出版社、一九九一年。
中国第二歴史档案館編『中華民国史档案資料匯編第三輯・財政』全二冊、江蘇古籍出版社、一九九一年。
中国第二歴史档案館編『中華民国史史料長編』第五巻、南京大学出版社、一九九三年。
北洋軍閥史料編委会編『北洋軍閥史料・袁世凱巻』全二冊、天津古籍出版社、一九九二年。
北洋軍閥史料編委会編『北洋軍閥史料・黎元洪巻』全一四冊、天津古籍出版社、一九九二年。
中国第二歴史档案館・雲南省档案館編『護法運動』档案出版社、一九九三年。
劉寿林編『民国職官年表』中華書局、一九九五年。
李新編『中華民国大事記』全一二巻、中国文史出版社、一九九六年。
張国淦『民国資料筆記叢刊―北洋述聞』上海書店出版社、一九九八年。
何智霖編『閻錫山档案―要電録存』全一〇冊、国史館、二〇〇三年。
胡暁編『段祺瑞年譜』安徽大学出版社、二〇〇六年。

白蕉撰『袁世凱與中華民国―近代史料筆記叢刊』中華書局、二〇〇七年。
中国第二歴史档案館編『北洋政府档案』全九六冊、中国档案出版社、二〇一〇年。
李良玉編『倪嗣冲年譜』黄山書社、二〇一〇年。
李良玉・陳雷編『倪嗣冲函電集』中国社会科学文献出版社、二〇一一年。
駱宝善・劉路生主編『国家清史編纂委員会・文献叢刊―袁世凱全集』全三六冊、河南大学出版社、二〇一三年。
秦孝儀主編『総統蒋公大事長編初稿』第一巻～第一三巻、出版社不明、一九七八年。
中国社会科学院近代史研究中華民国史研究室編『胡適来往書信選』中華書局、一九七九年。
秦孝儀編『中華民国重要史料初編―対日抗戦時期』全七編、中国国民党中央委員会党史委員会、一九八一年。
秦孝儀編『中国現代史辞典―人物部分』近代中国出版社、一九八五年。
何応欽将軍九五紀事長編編輯委員会編『何応欽将軍九五紀事長編』全二冊、黎明文化事業股份有限公司、一九八四年。
貴州軍閥史研究会・貴州社会科学院歴史研究所『貴州軍閥史』貴州人民出版社、一九八七年。
閻伯川先生紀念会編『民国閻伯川先生錫山年譜長編初稿』台湾商務印書館、一九八八年。
北京師範大学・上海市档案館編『蒋作賓日記』江蘇古籍出版社、一九九〇年。
中国第二歴史档案館編『馮玉祥日記』江蘇古籍出版社、一九九二年。
中国社会科学院近代史研究編『白堅武日記』全二冊、江蘇古籍出版社、一九九二年。
中国第二歴史档案館編『国民党政府政治制度档案史料選編』全二冊、安徽教育出版社、一九九四年。
李雲漢・劉維開編『中国国民党職名録』中国国民党中央委員会党史委員会、一九九四年。
中国国民党中央委員会党史委員会編『国防最高委員会常務会議記録』全九冊、近代中国出版社、一九九五年。
張友坤編『張学良年譜』全二冊、社会科学文献出版社、一九九六年。
周美華編『国民政府軍政組織史料』全四冊、国史館、一九九六～九九年。
耿雲志編『胡適書信集』全三冊、北京大学出版社、一九九六年。
倪正太・陳暁明編『中華民国職官辞典』黄山書店、一九九八年。

曹伯言編『胡適日記全編』全八冊、安徽教育出版社、二〇〇一年。

張憲文・方慶秋・黄美真主編『中華民国史大辞典』江蘇古籍出版社、二〇〇一年。

国史館中華民国外交志編纂委員会編『中華民国史外交志』国史館、二〇〇二年。

中共中央文献研究室編『毛沢東書信選集』（原書は一九八三年刊）中央文献出版社、二〇〇三年。

周美華・高素蘭・周琇環・呉淑鳳・王正華主編『蔣中正総統档案―事略稿本』第一巻～第三九巻、国史館、二〇〇三～二〇〇九年。

黄自進主編『蔣中正先生対日言論選集』中正文教基金会、二〇〇四年。

徐友春主編『民国人物大辞典増訂版』河北人民出版、二〇〇七年。

中国第二歴史档案館編『中華民国史档案資料滙編第五輯第一編・財政経済』全九冊、鳳凰出版社、二〇一〇年。

中国第二歴史档案館編『中華民国史档案資料滙編第五輯第一編・外交』全二冊、鳳凰出版社、二〇一〇年。

中国第二歴史档案館編『中華民国史档案資料滙編第五輯第一編・軍事』全五冊、鳳凰出版社、二〇一〇年。


《日本側伝記・回想録》（著者名五十音順）


石井菊次郎『外交余談』岩波書店、一九三〇年。

石射猪太郎『外交官の一生』中央公論社、一九八六年。

伊藤正徳編『加藤高明』上下二巻、（原書は一九二八年刊）大空社、一九九五年。

井上馨侯伝記編纂会編『世外井上公伝』第五巻、内外書籍、一九三三～一九三四年。

今井貞夫『幻の日中和平工作―軍人今井武夫の生涯』中央公論事業出版、二〇〇六年。

岡義武『山県有朋』岩波新書、一九五八年。

櫻井良樹『加藤高明―主義主張を枉ぐるな』ミネルヴァ書房、二〇一三年。

重光葵『外交回想録』毎日新聞社、一九八七年。

高倉徹一編『田中義一伝記』全二巻、原書房、一九八一年。

張群『日華・風雲の七十年』サンケイ出版社、一九八〇年。

鶴見祐輔『後藤新平』全四巻、勁草書房、一九六五〜一九六七年。

徳富猪一郎『公爵山県有朋伝』下巻、山県有朋公記念事業会、一九三三年。

波多野澄雄・波多野勝・櫻井良樹・小林和幸・黒沢文貴編『侍従武官長奈良武次日記・回顧録』全四巻、柏書店、二〇〇〇年。

林権助『わが七十年を語る』第一書房、一九五三年。

保阪正康『蒋介石』文藝春秋、一九九九年。

芳沢謙吉『外交六十年』（原書は一九五八年刊）中公文庫、一九九〇年。

松本重治『上海時代—ジャーナリストの回想』全三巻、中央公論社、一九八九年。

室山義正『松方正義』ミネルヴァ書房、二〇〇五年。


《中国側伝記・回想録》（著者名五十音順）


何廉著、朱佑慈訳『何廉回憶録』中国文史出版社、一九八八年。

顧維鈞著、中国社会科学院近代史研究所訳『顧維鈞回憶録』第一冊〜第三冊、中華書局、一九八三年。

高宗武『高宗武回憶録』中国大百科全書出版社、二〇〇九年。

呉景平『宋子文評伝』福建人民出版社、一九九八年。

蔡徳金『汪精衛生平紀事』中国文史出版社、一九九三年。

沈雲龍『黎元洪評伝』中央研究院近代史研究所、一九六三年。

季宇『段祺瑞伝』安徽人民出版社、一九九二年。

曹汝霖『一生之回憶』香港春秋雑誌社、一九六六年。

張憲文・方慶秋『蒋介石全伝』全二冊、河南人民出版社、一九九六年。

陸宗輿『五十自述記』北京国家図書館分館蔵、一九二五年。

李宗一『袁世凱伝』中華書局、一九八〇年。

呂偉俊『宋哲元』山東大学出版社、一九八九年。

同『韓復榘伝』山東大学出版社、一九九七年。


《日本語研究書・個別研究論文》（著者名五十音順）

味岡徹『中国国民党訓政下の政治改革』汲古書院、二〇〇八年。

安藤敬之助「中国の第一次世界大戦参加をめぐる日米関係」（『歴史教育』第一六巻三号、一九六八年）。

家近亮子「蔣介石の外交戦略と日本―『安内攘外』から『以徳報怨』まで」（『近きに在りて』第三三号、一九九八年）。

同『蔣介石と南京国民政府』慶應義塾大学出版会、二〇〇二年。

同「中国におけるファシズムの受容と変容―蔣介石ファシズム論の検証」（『近きに在りて』第四二号、二〇〇四年）。

同「蔣介石と日米開戦―『持久戦』論の終焉」（『東アジア近代史』第一二号、二〇〇九年）。

池田誠『抗日戦争と中国民衆―中国ナショナリズムと民主主義』法律文化社、一九八七年。

伊藤隆『大正デモクラシーと政党政治』山川出版社、一九八七年。

伊藤信之「蔣介石における集権構想と『安内攘外』政策」（『成蹊大学法学政治研究』第九巻、一九九〇年）。

井上寿一『危機のなかの協調外交―日中戦争に至る対外政策の形成と展開』山川出版社、一九九四年。

入江昭『日本の外交』中央公論社、一九六六年。

同編『戦間期の日本外交』東京大学出版会、一九八四年。

岩谷將「中国国民党訓政初期の理念と実態―地方自治政策における地方党部を中心として」（『アジア経済』第四七巻第一号、二〇〇六年）。

同「北伐後における中国国民党組織の展開とその蹉跌」（『法学政治学論究』第七一号、二〇〇六年）。

同「訓政制度設計をめぐる蔣介石・胡漢民対立―党と政府・集権と分権」（『アジア研究』第五三巻第二号、二〇〇七年）。

同「一九三〇年代半ばにおける中国の国内情勢判断と対日戦略―蒋介石の認識を中心として」(防衛省防衛研究所編『戦史研究年報』第一三号、二〇一〇年)。

臼井勝美『日本と中国―大正時代』原書房、一九七二年。

同『中国をめぐる近代日本の外交』筑摩書房、一九八三年。

同『日中外交史研究―昭和前期』吉川弘文館、一九九八年。

同『新版日中戦争―和平か戦線拡大か』中央公論新社、二〇〇〇年。

同「袁世凱の没落と日本」(『政治経済史研究』第四五五号、二〇〇四年)。

内田尚孝『華北事変の研究―塘沽停戦協定と華北危機下の日中関係一九三二～一九三五年』汲古書院、二〇〇六年。

岡義武・林茂『大正デモクラシー期の政治―松本剛吉政治日誌』岩波書店、一九九五年。

岡部達味『中国の対日政策』東京大学出版会、一九七六年。

岡部牧夫『十五年戦争史論』青木書店、一九九九年。

荻原充『中国の経済建設と日中関係―対日抗戦への序曲一九二七～一九三七―』ミネルヴァ書店、二〇〇〇年。

加藤陽子『模索する一九三〇年代―日米関係と陸軍中堅層』山川出版社、一九九三年。

同『戦争の日本近現代史』講談社、二〇〇二年。

同『戦争の論理―日露戦争から太平洋戦争まで』勁草書房、二〇〇五年。

同『満州事変から日中戦争へ』岩波新書、二〇〇七年。

金子肇「袁世凱政権における国家統一の模索と諮詢機関の役割」(『東洋学報』第七九巻第二号、一九九七年)。

同『近代中国の中央と地方―民国前期の国家統合と行財政』汲古書院、二〇〇八年。

川島真『中国近代外交の形成』名古屋大学出版会、二〇〇四年。

同「東アジア国際政治史―中国をめぐる国際政治史と中国外交史」(日本国際政治学会編『日本の国際政治学―歴史の中の国際政治』第四巻、有斐閣、二〇〇九年)。

北岡伸一『日本の陸軍と大陸政策―一九〇六～一九一八―』東京大学出版会、一九七八年。

同「二一か条再考—日米外交の相互作用」（近代日本研究会編『近代日本研究(七)日本外交の危機認識』山川出版社、一九八五年）。

同『政党から軍部へ—一九二四〜一九四一—』中央公論社、一九九九年。

樹中毅「安内攘外戦略と中国国民党の政策決定過程」（『法学政治学論究』第三九号、一九九八年）。

同「孫文没後の党内権力継承と『左派』蒋介石の台頭」（『法学政治学論究』第三六号、一九九八年）。

同「南京国民政府統治の制化とイデオロギーの形骸化—蒋介石の独裁統治確と安内攘外の政策過程（一九三一〜一九三七）」（『法学政治学論究』第三二号、一九九六年）。

同「国民革命期から訓政時期における蒋介石の独裁統治と政治的不安定の構造」（『法学政治学論究』第四五号、二〇〇〇年）。

久保亨編『シリーズ二〇世紀中国史(四)現代中国と歴史学』東京大学出版会、二〇〇九年。

黒羽茂『日英同盟の軌跡—帝国外交の骨髄』文化書房博文社、一九八七年。

黄仁宇著、北村稔ほか訳『蒋介石—マクロヒストリー史観から読む蒋介石日記』東方書店、一九九七年。

黄自進「蒋介石と満州事変—『不絶交、不宣戦、不講和、不訂約』の対日政策の原点」（『法学研究』第七五巻第一号、二〇〇二年）。

同「満州事変前後における国民政府の対日政策—蒋介石の思惑を中心に」（『東アジア近代史』第五号、二〇〇二年）。

纐纈厚『近代日本政軍関係の研究』岩波書店、二〇〇五年。

小林道彦「世界大戦と大陸政策の変容」（『日本歴史』第六五六号、一九九四年）。

同『日本の大陸政策』南窓社、一九九六年。

同『政党内閣の崩壊と満洲事変—一九一八〜一九三二—』ミネルヴァ書房、二〇一〇年。

斉藤幸『戦間期国際政治史』岩波書店、一九七八年。

斎藤聖二「寺内内閣と西原亀三—対中国政策の初期段階」（『国際政治』第七五号、一九八三年）。

同「国防方針第一次改訂の背景—第二次大隈内閣下における陸海軍関係」（『史学雑誌』第九五編第六号、一九八六年）。

同「寺内内閣における援段政策確立の経緯」（『国際政治』第八三号、一九八六年）。

同「第一次大戦と日本」（藤村道生編『日本近代史の再検討』南窓社、一九九三年）。

佐藤慎一『近代中国の知識人と文明』東京大学出版会、一九九六年。

酒井哲哉『大正デモクラシー体制の崩壊』東京大学出版会、一九九二年。

阪本雅子『財閥と帝国主義』ミネルヴァ書房、二〇〇三年。

櫻井良樹『大正政治史の出発―立憲同志会の成立とその周辺』山川出版社、一九九七年。

同「加藤高明と英米中三国関係」（長谷川雄一編『大正期日本のアメリカ認識』慶応義塾大学出版会、二〇〇一年）。

同「第二次大隈内閣期における外交政策の諸相」（『国際政治』第一三九号、二〇〇四年）。

同『辛亥革命と日本政治の変動』岩波書店、二〇〇九年。

佐々木隆『藩閥政府と立憲政治』吉川弘文館、一九九二年。

茂木敏夫『変容する近代東アジアの国際秩序』山川出版社、一九九七年。

同「中華世界の再編と二〇世紀ナショナリズム―抵抗・抑圧の表裏一体性」（『現代中国研究』第二一号、二〇〇七年）。

島田俊彦「華北工作と国交調整―一九三三～一九三七―」（日本国際政治学会・太平洋戦争原因研究部編『太平洋戦争への道―日中戦争（上）』第三巻、朝日新聞社、一九六二年）。

島田洋一「対華二十一か条要求―加藤高明の外交指導」（『政治経済史学』第二五九号・第二六〇号、一九八七年）。

辛亥革命百年記念論集編集委員会編『総合研究―辛亥革命』岩波書店、二〇一二年。

季武嘉也「大正五年の大隈継続内閣問題」（『日本歴史』第四一三号、一九八二年）。

同『大正期の政治構造』吉川弘文館、一九九八年。

鈴木武雄編『西原借款資料研究』東京大学出版会、一九八一年。

曾田三郎『中華民国の誕生と大正初期の日本人』思文閣出版、二〇一三年。

高橋秀直「寺内内閣の成立期の政治状況」（『日本歴史』第四三四号、一九八四年）。

高村直助『近代日本綿業と中国』東京大学出版会、一九八二年。

田中仁『一九三〇年代中国政治史研究─中国共産党の危機と再生』勁草書房、二〇〇二年。

段瑞聡「蒋介石の国家建設理念と新生活運動─一九三五～一九三七─」(『法学研究』第七五巻第一号、二〇〇二年)。

千葉功『旧外交の形成─一九〇〇～一九一九─』勁草書房、二〇〇八年。

戸部良一「日中関係安定化の機会喪失(一九三三～一九三七年)をめぐって」(『國學院雑誌』第九七巻第四号、一九九六年)。

同『日本陸軍と中国「支那通」にみる夢と蹉跌』講談社、一九九九年。

富塚一彦「一九三三～一九三四年における重光外務次官の対中国外交路線─『天羽声明』の考察を中心に」(『外交史料館報』第一三号、一九九九年)。

内藤一成「大正五年大隈後継政権問題をめぐる貴族院及び諸勢力の動向」(『史学雑誌』第一〇六編第二号、一九九七年)。

同『貴族院と立憲政治』思文閣出版、二〇〇六年。

長岡新次郎「対華二十一ケ条要求条項の決定とその背景」(『日本歴史』第一四四号、一九六一年)。

中村隆英『戦時日本の華北経済支配』山川出版社、一九八九年。

奈良岡聰智「加藤高明の外交構想と憲政会─一九一五～一九二四─」(『国際政治』第一三九号、二〇〇四年)。

同『加藤高明と政党政治─二大政党制への道』山川出版社、二〇〇六年。

西村成雄『中国ナショナリズムと民主主義─二〇世紀中国政治史の新たな視界』研文出版、一九九一年。

同編『現代中国の構造変動(三)ナショナリズム─歴史からの接近』東京大学出版会、二〇〇〇年。

野沢豊『辛亥革命』岩波書店、一九七二年。

同編『中国の幣制改革と国際関係』東京大学出版会、一九八一年。

同編『日本の中華民国史研究』汲古書院、一九九五年。

野村浩一『蒋介石と毛沢東─世界戦争のなかの革命』岩波書店、一九九七年。

秦郁彦『統帥権と帝国陸海軍の時代』平凡社、二〇〇六年。

波多野善大『中国近代軍閥の研究』河出書房新社、一九七三年。

波多野澄雄「一九三五年の華北問題と上海武官」(岩倉規夫・大久保利謙編『近代文書学への展開』柏書房、一九八二年)。

波多野勝『近代東アジアの政治変動と日本の外交』慶応通信、一九九五年。

服部龍二『幣原喜重郎と二〇世紀の日本―外交と民主主義』有斐閣、二〇〇六年。

浜下武志『近代中国の国際的契機―朝貢貿易システムと近代アジア』東京大学出版会、一九九〇年。

坂野潤治『近代日本の外交と政治』研文出版、一九八五年。

同『近代日本の国家構想』岩波書店、一九九六年。

同『昭和史の決定的瞬間』筑摩書房、二〇〇四年。

樋口秀実『日本海軍から見た日中関係史研究』芙蓉書房出版、二〇〇二年。

同「袁世凱帝政運動をめぐる日中関係」(『國學院雑誌』第一〇八巻第九号、二〇〇七年)。

藤原彰・今井清一編『十五年戦争史―満州事件』第一巻、青木書店、一九八八年。

古屋哲夫『日中戦争史研究』吉川弘文館、一九八四年。

土屋光芳『汪精衛と蒋汪合作政権』人間の科学新社、二〇〇四年。

細谷千博『両大戦下の日本外交』岩波書店、一九八八年。

堀川武夫『極東国際政治史序説―二十一箇条の研究』有斐閣、一九五八年。

溝口雄三『方法としての中国』東京大学出版会、一九八九年。

同『中国の衝撃』東京大学出版会、二〇〇四年。

同『中国思想再発見』左右社、二〇一〇年。

三谷太一郎『近代日本の戦争と政治』岩波書店、一九九七年。

光田剛「華北『地方外交』に関する考察―塘沽協定~梅津・何応欽協定」(『近代中国研究彙報』第二二号、二〇〇〇年）。

三宅正樹「二十一箇条要求をめぐる日露関係」（『歴史教育』第一六巻第三号、一九六八年）。

同『昭和史の軍部と政治』第一法規出版、一九八三年。

森川正則「寺内内閣期における西原亀三の対中国『援助』政策構想」（『阪大法学』第五〇巻五号、二〇〇一年）。

安井三吉『柳条湖から盧溝橋事件へ―一九三〇年代華北をめぐる日中の対抗』研文出版、二〇〇三年。

山田辰雄「今こそ民国史観を」（『近きに在りて』第一七号、一九九〇年。

同編『日中関係一五〇年―相互依存・競存・敵対』東方書店、一九九四年。

同編『歴史のなかの現代中国』勁草書房、一九九六年。

山根幸夫『大正時代における日本と中国のあいだ』研文出版、一九九八年。

山室信一『思想課題としてのアジア―基軸・連鎖・投企』岩波書店、二〇〇一年。

山本四郎「一九一六年政変の考察―当時の政治諸勢力の状態」（『日本歴史』第三八八号、一九八〇年）。

同「大隈内閣末期の西原亀三」（『ヒストリア』第八九号、一九八〇年）。

兪辛焞『満州事変期の中日外交史研究』東方書店、一九八六年。

同『辛亥革命期の中日外交史研究』東方書店、二〇〇二年。

横山宏章『孫文と袁世凱―中華統合の夢』岩波書店、一九九六年。

同『中華民国史―専制と民主の相剋』三一書房、一九九六年。

同『中国の政治危機と伝統的支配―帝国の瓦解と再興』研文出版、一九九六年。

吉澤誠一郎『愛国主義の創成―ナショナリズムから近代中国をみる』岩波書店、二〇〇三年。

劉傑『日中戦争下の外交』吉川弘文館、一九九五年。

同『中国人の歴史観』文芸春秋、一九九九年。

同『中国の強国構想―日清戦争後から現代まで』筑摩選書、二〇一三年。

鹿錫俊『中国国民政府の対日政策―一九三一～一九三三―』東京大学出版会、二〇〇一年。

《中国語研究書・個別研究論文》（著者名五十音順）


王建朗『中国廃除不平等条約的歴程』江西人民出版社、二〇〇〇年。

同「北京政府参戦問題再考察」（『近代史研究』二〇〇五年第四期）。

王克文『汪精衛・国民党・南京政権』国史館、二〇〇一年。

王奇生「党政関係―国民党党治在地方層級的運作―一九二七～一九三七―」（『中国社会科学』二〇〇一年第三期）。

王芸生『六十年来中国與日本』全八冊（原書は一九三三年刊）三聯書店、二〇〇五年。

郭剣林・王継慶「北洋政府外交近代化略論」（『学術研究』一九九四年第三期）。

賀俊傑「民国初年救国儲金運動概論」（張憲文編『民国研究』総第一五号、社会科学出版社、二〇〇九年）。

許育銘『汪兆銘與国民政府―一九三一至一九三六年対日問題下的政治変動』国史館、一九九九年。

紀能文「従共和総統到洪憲皇帝―袁世凱洪憲復辟的歴史透視」（『天津師範大学学報』一九九六年第四期）。

金光耀編『顧維鈞與中国外交』上海古籍出版社、二〇〇一年。

高紅霞「民初孫中三對袁世凱的策略及原因」（『上海師範大学学報』一九九七年第二期）。

黄自進主編『蒋中正與近代中日関係』稲郷出版社、二〇〇六年。

黄尊厳「日俄日徳戦争中日本侵華策略試析」（『求是学刊』一九九五年第五期）。

謝本書・朱鴻賓『蒋介石和西南地方実力派』河南人民出版社、一九九〇年。

焦静宜「北洋軍閥與日本」（『学術月刊』一九九二年第九期）。

周美華『中国抗日政策的形成―従九一八到七七』国史館、二〇〇〇年。

章伯鋒『皖系軍閥與日本』四川人民出版社、一九八八年。

石源華編『中華民国外交史』上海人民出版社、一九九四年。

陳紅民『函電里的人際関係與政治』三聯書店、二〇〇三年。

陳剣敏「段祺瑞力主中国参加一戦縁由新探」（『安徽史学』二〇〇一年第四期）。

陳進金「国史館典蔵『大溪档案』始末」（『近代史学会通訊』一九九六年第四期）。

同『地方実力派與中原大戦』国史館、二〇〇二年。

陳謙平「試論抗戦前国民党政府的国防建設」(『南京大学学報』一九八七年第一期)。

陳謙平主編『中華民国史新論』三聯書店、二〇〇三年。

陳雁『抗日戦争時期中国外交制度研究』復旦大学出版社、二〇〇二年。

丁長清「一九一七〜一九一八年的馮国璋段祺瑞之争並非直皖之争」(『河北学刊』一九九四年第二期)。

張力『国際合作在中国—国際連盟角色的考察一九一九〜一九四六—』中央研究院近代史研究所、一九九九年。

張蓮紅『整合與与互動—民国時期中央與地方財政関係研究—一九二七〜一九三七—』南京師範大学出版社、一九九九年。

張憲文主編『中華民国史』全四冊、南京大学出版社、二〇〇五年。

張学継「古徳諾(F.J.Goodnow)與民初憲政問題研究」(『近代史研究』二〇〇五年第二期)。

張玉法『中華民国史稿』聯経出版社、一九九八年。

唐啓華「北京政府與南京政府対外交渉的互動関係—一九二五〜一九二八—」(『中興大学歴史学報』一九九四年第四期)。

同『北京政府與国際連盟—一九一九〜一九二八—』東大図書公司、一九九八年。

同『被廃除不平等条約遮蔽的北洋修約史』社会科学文献出版社、二〇一〇年。

唐純良『中共与国民党地方実力派関係史』人民出版社、一九九五年。

陶菊隠『北洋軍閥統治時期史話』全三巻(原書は一九五七年刊)三聯書店、一九八三年。

来新夏『北洋軍閥史略』湖北人民出版社、一九五七年。

李毓澍『中日二十一条交渉』中央研究院近代史研究所、一九六六年。

李吉奎『孫中山與日本』広東人民出版社、一九九六年。

李剣農『戊戌以後三十年中国政治史』(原書は一九三〇年刊)中華書局、一九六五年。

李新主編『中華民国史』全一六冊、中華書局、二〇一一年。

林明徳『袁世凱與朝鮮』中央研究院近代史研究所、一九七〇年。

劉維開『編遣会議的実施與影響』台湾商務印書館、一九八九年。
同『国難期間応変図存問題之研究─従九一八到七七』国史館、一九九五年。
同「台湾地区蒋中正先生資料之典蔵與整理─兼論『事略稿本』之資料価値」(『档案季刊』第七巻、二〇〇八年第三期)。
劉偉『晩清督撫政治─中央與地方関係研究』湖北教育出版社、二〇〇三年。
婁向哲「北洋軍閥與日本関係述論」(『南開学報』一九九三年第五期)。
鹿錫俊「蒋介石的中日蘇観與『制俄攘日』構想」(『近代史研究』二〇〇三年第四期)。
馬烈「段祺瑞怎様従抗日派転変為親日派」(『民国春秋』一九九二年第四期)。
莫建来「段祺瑞的武力統一與日本的対華政策」(『民国档案』一九八八年第三期)。
同「試論皖系軍閥的形成」(『民国档案』一九九二年第一期)。
同「皖系軍閥的特点及其評価」(『江海学刊』一九九二年第一期)。
楊徳才「段祺瑞與中国参戦新探」(『学術月刊』一九九三年第四期)。
楊奎松「一九二七年南京国民党『清党』運動研究」(『歴史研究』二〇〇〇年第一期)。
同「孫中山與共産党─基于俄国因素的歴史考察」(『近代史研究』二〇〇一年第三期)。
同「『容共』還是『分共』─一九二五年国民党因『容共』而分裂之縁起與経過」(『近代史研究』二〇〇二年第四期)。
同「走向『三二〇』之路」(『歴史研究』二〇〇二年第六期)。
同「蒋介石従『三二〇』到『四一二』的心路歴程」(『史学月刊』二〇〇二年第六期)。
同「蒋介石従『三二〇』到『四一二』的心路歴程(続)」(『史学月刊』二〇〇五年第六期)。
同『国民党的「聯共」與「反共」』社会科学文献出版社、二〇〇八年。
楊天石「『約法』之治與蒋介石軟禁胡漢民事件」(『中国社会科学』二〇〇〇年第一期)。
同『蒋介石與南京国民政府』中国人民大学出版社、二〇〇七年。
同『找尋真実的蒋介石─蒋介石日記解読』全三冊、山西人民出版社、二〇〇八〜二〇一〇年。

あとがき

本書は、二〇一四年三月麗澤大学大学院に提出した博士論文「第一次世界大戦期における日中政治外交に関する研究―大隈・寺内内閣と袁・段政権―」を出版用に編集したものである。本書の第一章、第四章及び付論(1)、付論(2)は、わたしが発表した下記個別研究論文から構成し直したものである。

・「二一か条要求交渉と日中外交」(麗澤大学大学院言語教育研究科論集『言語と文明』第九巻、二〇一一年三月)。
・「第一次世界大戦期における中国の参戦問題と日中外交」(東アジア近代史学会編『東アジア近代史』第一六号、二〇一三年三月)。
・『天羽声明』と日中外交」(国際アジア文化学会研究紀要『アジア文化研究』第一九号、二〇一二年六月)。
・『川越・張群会談』と日中外交」(麗澤大学大学院言語教育研究科論集『言語と文明』第一〇巻、二〇一二年三月)。

これら個別研究論文の発表にあたっては、多くの方々にお世話になった。ここに記して、感謝の意を表したい。とりわけ「第一次世界大戦期における中国の参戦問題と日中外交」は、一次投稿より論文が掲載されるに至るまで、二年にわたって三次再投稿をさせていただいた。その過程において査読をしてくださった東アジア近代史学会の先生方に大変お世話になった。ここに記してお礼を申し上げたい。

学位論文は、櫻井良樹先生(麗澤大学外国語学部教授)の指導のもと、作成したものである。先生からは長きにわたってご指導ご鞭撻をいただいた。修士の頃は先生の学問に対する厳しさに恐れていた時期もあったが、いま振り返ってみれば、先生の厳しさにはわたしの力を伸ばすための深い優しさが含んでいたのであった。良き先生に巡り会えて幸運に思う。師恩に対して今後の精進によって報いたい。

わたしはこれまで、母校である麗澤大学の多くの先生方にお世話になった。学部では、戸田昌幸先生の授業で、日本語の基本を学び、日本文化についても勉強できた。水野修次郎先生の授業で心理学の基礎知識を楽しく学んだ。大学院では、加藤純章先生からは宗教の深さを教えていただいた。出井元先生からは中国思想の面白さを教わった。経済研究科の佐藤政則先生には経済史の視点でのご示唆をしていただいた。そして長い大学院生生活の中で、とくに石塚茂清先生に大変お世話になった。先生から懇切なご指導とあらゆる方面のご支援をいただいた。ここにお世話になった先生方にお礼を申し上げたい。

わたしは二〇〇九年の春より六年間早稲田大学大学院劉傑ゼミに通わせていただいた。劉傑先生の教えを受けていたことや、劉ゼミのメンバーの一人として研究仲間たち（小林義之様、島田大輔様、吉塚康一様、城山英巳様、山口真理子様、井上光様、野崎雅子様、葉亭葶様、今井貞夫様、王錚様ほか）と切磋琢磨して学んでいたこと、そして劉ゼミの懇親会また夏の合宿などで懐かしい思い出をたくさん残したこと、これらは自分にとってかけがえのない人生の宝である。劉先生がわたしの学位論文の副査として審査の労をとって下さったことに心より感謝している。

わたしは大学院時代に、坂口国際育英奨学財団、服部国際奨学財団、蓮見留学生育英奨学基金からの奨学金により、研究を推進することができた。ここに改めて深謝の意を表したい。

さらに、出版事情厳しき折にもかかわらず、芙蓉書房出版には拙い原稿の刊行を認めていただいた。本書の出版の企画段階から相談に乗っていただき、編集と校正の労をとってくださった平澤公裕社長に心よりお礼を申し上げたい。

思えば、わたしが歴史研究に興味を抱き始めたのは、学部時代の二〇〇五年秋、櫻井ゼミで、ゼミ仲間と一緒に岡義武先生の著書『山県有朋』（岩波書店、一九五八年）を輪読していた頃のことであった。その頃の二〇〇五年から二〇〇六年にかけて、中国の各大都市で反日デモが盛り上がっていた。当時の首相である小泉純一郎氏が靖国神社を参拝し続けたことがデモの起因だと見られていたが、その間、日本のマスコミは毎日のように中国での反日デモを報道していたし、周りにいる日本人学生の会話からもよく反日デモに対する声が耳に入っていた。日本の大学にいる中国人留学生であった自分は当時大きなショックを覚えた。なぜ、日中関係がこんなに悪化しやすいのか、そのわけは何かと。わたしの問題意識はこのような形で芽生えたのであった。

わたしは大学院に進学し、研究課題を設定していくうちに、一九一〇年代の二一か条要求交渉から一九三〇年代の日中全面戦争が勃発するまでを対象とし、日中間の矛盾や軋轢がどのようなメカニズムで生成され、どのようにして関係悪化を引き起こしていったかについて関心を持つようになり、これらを明らかにする目的で実証研究を進めてきた。そして、研究の過程においては、わたしは常に中立的な視点で日中両国の史料を突き合わせながら立論し、当時の日中政治外交関係史を公平に再現しようとした。当時の政治外交当事者の考えについての分析を行っていた際には、双方の思惟方式が異なっていることを念頭におきながら、客観的に検証を加えていた。このような研究手法を取り入れられたのは、わたしが両方の文献を読めるからだけではなく、わたしが二〇〇〇年に中国人留学生として来日し、以来一〇余年日本社会に触れあい、日本のことをよく知るようになったからであろう。

二〇一五年は、日本の「対華二一か条要求」が北京政府に提出されて百年目にあたる。そして、昨今中国では大規模な反日・排日デモが起きていたし、領土問題をめぐっては日中外交情勢の緊迫が続いている。恰も百年前の日中政治外交が繰り返されようとしているかのように見える。百年前の日中政治外交の構造を知ることは今日起きている両国政治外交上の事象を見極めることでもある。

こうして本書を上梓できたことは、感慨深い。日中両国には、本書で検証できた第一次世界大戦期における日中政治外交の特徴とパターンからヒントを得、過去の歴史を繰り返させないために相手の立場に立って対話を進め、日中和睦への政治外交努力を続けてほしい。

本書を出版できたことは、ゴールに到着したことを意味すると同時に、漸く次のスタートができるようになったということである。

「譬へば山を為るが如し。未だ成らざること一簣にして、止むは吾が止むなり。譬へば平地の如し。一簣を覆すと雖も、進むは吾が往くなり」。

わたしは人生の次なるステージに向かって自彊息まざる覚悟である。

最後に、わたしはこれまで家庭を顧みることが少なく、妻には多くの負担と不安をかけた。ここに記してその労をねぎらいたい。

二〇一五年春

著者記す

人名索引

な行

は行

ま行

や行

ら行

主要事項索引

著者
楊 海 程（よう・かいてい）
1979年中国遼寧省瀋陽市生まれ。2006年麗澤大学外国語学部日本語学科卒業、2014年同大学大学院言語教育研究科比較文明文化専攻博士後期課程修了。文学博士。専攻は近代日中政治外交史。
主な著作に「第一次世界大戦期における中国の参戦問題と日中外交」（東アジア近代史学会編『東アジア近代史』第16号、2013年）などがある。

日中政治外交関係史の研究（にっちゅうせいじがいこうかんけいしのけんきゅう）
——第一次世界大戦期を中心に——

2015年 4月30日　第１刷発行

著　者
楊 海 程（よう かい てい）

発行所
㈱芙蓉書房出版
（代表　平澤公裕）
〒113-0033東京都文京区本郷3-3-13
TEL 03-3813-4466　FAX 03-3813-4615
http://www.fuyoshobo.co.jp

印刷・製本／モリモト印刷

ISBN978-4-8295-0647-9